Terminology, Lexicography, Specialised Dictionary, Access Strategy

土木类汉英词典
检索策略优化探究
——基于交际术语学与功能词典学

陈香美◎著

中国广播影视出版社

图书在版编目（CIP）数据

土木类汉英词典检索策略优化探究：基于交际术语学与功能词典学 / 陈香美著 . -- 北京：中国广播影视出版社，2023.12
ISBN 978-7-5043-9161-2

Ⅰ.①土… Ⅱ.①陈… Ⅲ.①英语－汉语－土木工程－词典－检索方法 Ⅳ.①G254.92

中国国家版本馆 CIP 数据核字（2023）第 244099 号

土木类汉英词典检索策略优化探究：基于交际术语学与功能词典学
陈香美　著

责任编辑	王　波
责任校对	张　哲
装帧设计	中北传媒

出版发行	中国广播影视出版社
电　　话	010-86093580　010-86093583
社　　址	北京市西城区真武庙二条9号
邮政编码	100045
网　　址	www.crtp.com.cn
电子邮箱	crtp8@sina.com

| 经　　销 | 全国各地新华书店 |
| 印　　刷 | 廊坊市海涛印刷有限公司 |

开　　本	710 毫米 × 1000 毫米　　1/16
字　　数	205（千）字
印　　张	15.75
版　　次	2024 年 1 月第 1 版　　2024 年 1 月第 1 次印刷

| 书　　号 | 978-7-5043-9161-2 |
| 定　　价 | 95.00 元 |

（版权所有　翻印必究·印装有误　负责调换）

前 言

  术语词汇在双语专科词典的词目词中占很大比例。汉语术语从构成形态上可以分为单字术语和多字术语。要从专科词典中查找汉语术语词条,用户往往要先从语篇中准确识别出术语。由于术语嵌入在语篇中,加上汉语言语义边界模糊的特点,要从语篇中确定出术语词汇从何始至何止,对于词典用户,尤其对缺乏专门领域双语术语处理经验的非专门领域词典用户和半专业用户来说相当困难。既然用户存在对文内术语语义切分错误的问题,那么查词失败可能性也相当大。

  目前专科词典的主要研究理论有功能词典学和术语学。功能词典学以词典的功能划分为基础,主要关注用户在具体情境中的词典需求,但对术语词目词在具体情境中的具体形态鲜有涉及。术语学则相反,其研究关注术语本身及其变体,对词典使用的具体情境则鲜有探讨。术语学研究分为规定术语学派和描写术语学派。传统的规定术语学派主张术语是标准化、统一的。描写术语学派则主张术语随使用情境和使用者不同而存在差异。后一学派的主张说明不同用户就术语词条而言,从词典中所需要获取的帮助不尽相同。

本书旨在调查汉英专科词典用户文内术语识别的准确性，以及其与词典所收录词条的匹配度和差异性，从词典用户视角来看待他们在词条检索上需要什么样的检索策略，对词典用户识别文内术语错误的问题进行归因分析，之后针对所发现的问题提出一些专科词典检索策略的优化方案。不同于传统的"用户需求"研究，本书提出"用户需要"研究，认为用户检索的内容只是用户需求的表象，用户真正的需要是了解检索的内容能不能用和怎么用，在词条检索上用户需要的功能是：①能够与词典互动，能通过词典检索系统验证检索词是否为完整准确的词条；②词典根据检索词提供完整准确的术语参考及其相关信息（对应词、例句等）。"用户需要"体现为用户研究，应当以用户为中心，通过实证来发现用户的实际"需要"。本书结合交际术语学理论关于术语在不同交际情境中存在变体的主张，以及功能词典学对词典使用情境的划分，构建了一个"用户需要"的研究模型。在该模型之下，用户的需求受到词典使用情境、文本、用户语言水平、专业知识水平以及词典使用习惯的影响。本书以"用户需要"的模型为基础，从汉英双语专科词典使用实际情境的调查出发，通过实证研究来探讨专门领域知识水平为非专业和半专业的汉英双语专科词典用户在处理非专业和半专业文本时对词典检索策略的具体"需要"。研究的主体包含四个相互关联的部分：对"用户需要"初步形成性问卷调查得出关于用户需求的结论假设，通过对研究被试进行文内术语识别测试验证问卷调查所得出的结论假设，对前两个研究发现的结果进行归因分析，最后对双语专科词典中词条检索的优化问题提出一些解决方案。

　　第一部分：问卷调查。选取福建省高校中的翻译专业本科生和研究生作为被试者，旨在对不同层次用户使用双语专科词典的情境、词典拥有率、查词问题、对术语的认识四个方面进行调查资料收集。问卷调查包含十个问题。本书分析的是用户调查中出现的矛盾性结果,根据研究结果得出:用户主要在翻译和技术写作的情境中使用双语专科词典;用户纸质词典拥有率低,偏好网络搜索获取双语对应词;用户对专门领域有非专业词汇的需求;用户普遍存在无法从双语专科词典中找到所需要对应词的问题,造成这一问题的主要原因是用户对文内术语识别存在错误和使用不合理的信息查询模式;用户对目前的双语专科词典信赖度低。

第二部分:文内术语识别测试。该部分是形成性问卷的延伸。采用与问卷调查相同的被试方法,其目的是验证第一部分的假设性结论。测试以土木工程汉英翻译中双语专科词典的使用为情境,以研究被试识别篇章中的术语为出发点,对他们在不同专业层次的文本中识别术语的情况进行梳理。梳理的结果分为四类:完全匹配、部分匹配、完全不匹配和术语遗漏。通过 SPSS 19.0 统计学软件进行方差分析,分析结果发现四类情况均存在于不同专业层次的文本中,且被试的术语能力与被试的专业知识水平和专门领域翻译经验并无相关。实验结果在很大程度上证实了形成性问卷所得出的假设性结论:根据对"完全不匹配术语"的分析,可以发现用户对专门领域有非专业术语的词汇查找需求;用户经常无法从文内识别出准确术语,导致在词典中无法查找到准确的对应词——实验结果存在部分匹配、术语遗漏的情况;在两个因素作用之下,产生用户对专科双语词典信赖度低的情况亦成为必然。

第三部分:在实证研究的基础上,我们以研究所涉及的语言和专业知识特征以及用户过往使用普通语文词典的习惯为基础,对前两个部分研究结果进行定性分析。研究提出,由于汉语言本身的复合性(compounding)特点,语义切分较难。同时土木工程领域虽然贴近日常生活，但其产品的生产过程则不为非专业人士所知。由于专业知识的缺乏，用户往往随意将陌生的内容视为术语进行词典查阅，进而导致查词失败。此外，普通语文词典的使用也会对双语专科词典的使用造成很大影响。普通语文词典以单个词汇为词目词，而专科词典则多以术语为词目词；普通语文词典允许用户通过某个词汇来查找与其相关的搭配，而专科词典则需要以准确完整的术语来检索对应词，用户需要查找到完整的术语才能够从词典中查找到待查信息。

第四部分：建立在形成性分析、实证研究和定性分析相结合的基础上，本书提出双语专科词典术语词条检索方式的改进措施。在参考目前主要搜索引擎的检索功能以及一部分多功能语料库检索工具的检索功能的基础上，本书提出双词/多词检索、错别字纠正、图片和视频可视信息呈现的多功能词条检索以帮助用户检索和理解词条。同时还提出将目前主要词条检索方式从传统的"标准词目词（用户从文本中识别的词汇）—标准词目词语境（专科词典提供的词汇）"的检索方式改为"用户检索词（用户从文本中提取的词汇）—相关词条的语境（专科词典根据用户输入的词汇提供含有相关术语词条的语境）—标准词条（用户根据词典提供的术语词条和实际文本中的术语匹配情况在语境中选择标准词条）—标准词条语境（专科词典根据用户选择的标准术语提供该术语的具体语境）"，从最大程度上解决用户因无法从语篇中提取完整术语所造成的问题。此外，本书还对翻译教学中增加的术语课程以及专科词典学课程提出一些见解。

中国一直秉承"盛世修典"的传统，我国是一个辞书生产大国，曾经历了两次辞书规划，也积累了大量辞书编纂经验，但离真正的"辞书大国"还有一段距离，尤其在理论上还有待提高。当前信息化迅速发展，专门领域信息传播加速，国内翻译硕士培养热潮不断升温，双语专科词典的需求也将不断提升，与此同时，第三次辞书规划也呼之欲出。在此背景之下，专科词典理论发展仍严重落后。研究提出应当立足汉语言的特征、专门学科领域的特点以及用户对词典使用习惯，研究编写出适合本土用户使用的词典，为我国辞书发展谋求适合的出路。

  本书的创新之处体现在两方面：一方面从理论上提出了"用户需要"的概念，主张从用户实际词典使用中了解用户之所需，这为双语专科词典编写打下了实证基础。本书从形成性问卷调查得出的假定性结论出发，通过实证研究对该假定性结论进行验证，再通过定性分析论证并提出解决方案。这种渐进的研究模式也适用于其他领域的专科词典。另一方面在词典编纂方面，结合目前主要搜索引擎所具备的检索功能以及一部分多功能语料库检索工具相关功能，提出多词检索、错别字自动更正、可视信息呈现的词条检索模式，同时提出将目前主要检索方式从"标准词条（用户从文本中识别的词汇）—标准词条语境（专科词典提供的词汇）"的检索方式改为"用户检索词（用户从文本中识别的词汇）—相关词条的语境（专科词典根据用户输入的词汇提供相关术语词条）—标准词条（用户根据词典提供的术语词条和实际文本中的术语匹配情况选择标准词条）—标准词条的语境（专科词典根据用户选择的标准术语提供该术语的具体语境）"，在最大程度上解决因用户从语篇中识别术语出错而造成的问题。

目 录

第一章 绪论 **001**
  1.1 选题缘由 002
  1.2 选题理据 012
  1.3 主要术语 014
  1.4 本书研究的目标 025
  1.5 本书构成 027

第二章 国内汉外专科词典研究与编纂回顾 **031**
  2.1 国内汉外专科词典的发展 032
  2.2 专科词典的分类 041
  2.3 关于汉英双语专科词典检索的问题 044
  2.4 本章小结 046

第三章 研究模型 **051**
3.1 术语学的研究视角 051
3.2 功能词典学 056
3.3 术语学与功能词典学的整合 061
3.4 词典用户研究 063
3.5 本章小结 068

第四章 用户调查的问卷研究 **071**
4.1 用户调查研究概述 072
4.2 双语专科词典的使用情境 074
4.3 汉英双语专科词典的拥有情况 082
4.4 双语专科词典词条检索 087
4.5 双语专科词典的使用 090
4.6 用户视角下的术语 097
4.7 本章小结 105

第五章 词典用户的术语识别能力 **109**
5.1 研究概要 110
5.2 研究概述 112
5.3 结果分析 119

5.4	讨论	135
5.5	研究启示	137
5.6	本章小结	140

第六章 原因分析 143

6.1	汉外专科词典中的汉语术语	143
6.2	汉语词汇的典型特征	145
6.3	使用汉外专科词典查词的情境分析	149
6.4	专门领域知识的缺乏	153
6.5	普通语文词典的使用习惯对专科词典使用的影响	155
6.6	本章小结	156

第七章 在线汉外专科词典的词条检索优化方案 159

7.1	研究主要发现	159
7.2	检索词非完整术语的解决方案	160
7.3	检索词中拼写错误问题的解决方案	168
7.4	专门领域知识欠缺的解决方案	170
7.5	非术语问题的解决方案	175
7.6	检索术语变体的方案	178
7.7	词条检索策略的建议	179
7.8	本章小结	187

第八章 结论 191
8.1 主要发现 191
8.2 研究启示 197
8.3 创新之处 201
8.4 研究局限 203
8.5 研究展望 204

参考文献 207

附录 1 问卷测试题 227
附录 2 词典用户的文内术语识别能力测试 231
附录 3 事后多重比较数据 233

第一章 绪论

　　本书聚焦汉英双语专科词典用户在识别文内专科词汇—词典检索—信息呈现三个环节中,因词典用户或词典检索策略而造成的词条检索问题,通过理据分析、实证研究与归因分析,尝试发现在这三个环节中用户究竟需要什么,并为优化解决在线专科词典词条信息的检索问题提供相应方案。研究所针对的词典用户为专业领域翻译入门级与半专业译者(参见第五章对被试的划分),关注的问题是两类用户在翻译非专业文本和半专业文本时,词典使用需求及其对优化词典检索策略的需要。本章节内容涵盖研究动机、双语专科词典和"用户需要"的概念辨析、研究范围、本书所涉及的相关术语、本书的目标以及后续章节的概述。

1.1 选题缘由

双语专科词典用户经常会抱怨词典收录词条不全,一方面是用户把从文本中识别的词汇作为检索词,但在相应专业的双语专科词典中查找不到;另一方面在词典编纂者中也会存在这样的疑问:明明收录了足量的词条,为何用户还抱怨查不到?

用户在使用汉英双语专科词典之前,常常需要从文本中识别出专科词汇后再对其进行查询。但由于汉语言语义边界不明显的特征,术语嵌在文本之中,专科词条(尤其短语型术语词条或者语篇型术语词条等长词条)始于何时又终于何时?识别专科词汇对于从事特定专业的专家而言可能轻而易举,但对非专业、半专业人员或译者而言,则很可能是造成他们查词困难的原因之一;非专业、半专业人员以及译者过往都有过使用普通语文词典的经历,汉英普通语文词典词条以汉语单语语文词典词条为蓝本,有单字词目词,用户可以通过单字词目词来查找其他相关词条,用户以往使用普通语文词典查词的模式和经历也影响着他们使用专科辞书;同时,普通语文词典不论是理论研究还是辞书编纂实践都远走在专科词典之前,对词典用户使用习惯和需求的关注也远多于专科辞书,目前专科辞书的用户研究在研究体量上处于严重不足状态;此外,随着中国国际影响力的增强,对外投资的增加,外界与中国在各个方面专业合作的深化,双语工具书的需求也在不断攀升。基于这些方面的考虑,此研究有进行的必要,以及扩大上升的空间。

1.1.1　汉语言语义边界特点以及词典用户的术语识别问题

从术语的构成来看，汉语术语存在单字术语和多个字组成的术语（参见本章第 1.3.2 节）。词典使用的正常步骤一般是首先要从文本中识别出术语（有术语列表的除外），其次进行相应的词典查询，这也就意味着词典用户从文本中识别的术语应当与词典所收录术语相匹配，才可能获取信息。这看似简单的操作却并非人人都能做到，原因之一是汉字书写的突出特征是字与字之间没有间隔，在连续的字与字之间语义界限比较模糊，然后是字与字之间的结合比较灵活。例如，"音"字与"乐"字的结合可以是"音乐"，也可以是"乐音"，"学科"可以前后倒置为"科学"，"实证"可前后倒置为"证实"，"生计"前后可倒置为"计生"，此外还有"水井"与"井水"、"语言"与"言语"、"生人"与"人生"、"女子"与"子女"、"奶牛"与"牛奶"等。汉字组词的灵活性也导致汉语语义界限变得模糊，用户要从专业文本中识别出准确的术语则会存在难度（参见第六章第 6.2.2 节）。试想一下，如果欧洲语言也按照汉语特征，词与词之间没有空格分隔，那么要从文本中识别出准确的术语将会更难。加上词典用户对专门领域的知识或信息所知可能不够详细，要从文本中识别出准确且完整的术语词汇可谓难上加难。汉语的这一特点，加上汉外词典用户对特定专业领域相关知识储备不足，在很大程度上决定了汉外专科词典用户应有别于普通语文词典的用户，因此相关研究也需要引起辞书界的重视。

1.1.2　普通语文词典使用对专科辞书使用的影响

词典用户使用普通语文词典的时间要早于专科词典。普通语文词典解决用户的文字识读问题，只有解决了文字识读问题才能够进入专业领域学习，才能了解专业术语并使用专科词典。普通语文词典的汉语词目词以单个字为单位，用户可以直接通过查单个字来查找其相应词组。在普通语文词典中，用户可以随心所欲，无论查什么信息都能够获得相应信息（前提是词典里面有收录）。在专科词典当中有不少术语词汇由多个字组成，若用户手上有现成的术语列表，并以术语列表作为检索词，则查找需要的信息并不构成困难；但是，对于更常见的词典使用情形——因阅读或翻译专业文本而产生的双语专科词典查词需求，则需要译者先从专门领域相关文本中识别出完整且准确的术语词组后才能够进行查询。专科词典针对的是专门知识领域，专业知识包含在文字当中，常常不以单字出现，是否熟悉专门领域知识单元也就体现为能否准确切分出专业知识的语义单位，即术语。例如某一四字术语，专业人士因为熟悉该领域知识，可以把四个字完完全全从文本中切分出来作为搜索词进行查词操作，非专业人士和半专业人士则会根据自身知识水平，根据自己的直觉来选择搜索词，例如，"螺旋箍筋"是一个完整的术语词组，通过查找专科词典可以得到对应英文"hooping"，而单独的"箍筋"也是一个术语，通过专科词典查询可以获得对应英文"stirrup"，那么"螺旋箍筋"则可能被误译为"spiral stirrup"。这一对应词符合原意，但非专门领域正确且常规的表述。本章第 1.1.1 节中已经提到了汉语的语义边界比较模糊，结合上文的例子来看，词典用户尤其非专业领域人士，如普通译者、翻译专业学习者、半专业人士，则很可能无意识地将术语切分开，分别查询，最终整合到一起，译文虽然符合原意，但专业性尽失，甚至存在因为术语被拆分，导致术语查找不到的情况。若强行翻译，译文可能遭客户投诉，也会造成本书开头提到的关于词典用户与词典编纂人之间的矛盾。

母语为汉语的专科词典使用者为什么会有这样的词典使用习惯？除了词典

本身的原因之外，还有一个原因是在汉语习得之初，汉语母语者经常要借助汉语词典进行组词练习，一部分词典用户成了后来的专科词典用户，并且他们当中大部分人既非词典学专业人士，亦非术语学专业人士，对词典使用方法没有正确的区分，再加上普通语文词典的编纂实践比较成熟，在词条收录足量情况下，用户都可以获得所需要的信息。因此，用户会忽略术语词条与普通语文词条在构成上的不同，往往会遵循之前使用普通语文词典的查词方法来使用专科词典。换言之，词典用户在使用普通语文词典中的查词模式不一定适用于专科词典查词。本书的第五章将对词典用户识别文内术语情况进行深入研究。

1.1.3　土木工程类专业知识的特征

虽然土木工程领域不像核能工程、航空工程离大多数人生活很遥远，它与我们生活的相关度很高，但其中包含很多隐蔽工程。非专业或者半专业人士很难通过观察土木工程产品来了解其内部。例如，公寓的每个房间都有水泥地板，通过观察可以看到水泥地板的外观，但水泥地板内部钢筋是怎样的分布，如何绑扎，砂石如何配比，需要遵循怎样的施工流程，如何养护等问题，非专业人士都不得而知。此外，土木工程产品体积也很庞大、造价高、不太允许随意拆卸，不能像日常生活使用的小器具那样，可拆卸查看其内部详细构造、配件，也就是说土木工程领域的专业知识隐藏在表象之下，究竟如何发现未知知识对译者而言是首要解决的问题。即使查阅大量资料，也面临从何查起，查哪些资料的问题。由于知识的缺乏，普通译者、非专业人士和半专业人士很难对相应术语进行准确识别，也会间接影响翻译的质量和专业性。对于这些词典用户，由于缺乏了解有关隐蔽工程方面的知识信息，可能导致这些用户忽略相关术语的准确性，加上受先前使用普通语文词典的影响，导致用查询普通语文词典的方式来查询专科辞书，即不论遇到什么词汇，只要是不会翻译、不理解的内容，都放到专科辞书中查询，造成了信息查询失败，也间接产生本书开头提到的词典用户与词典编纂人之间的矛盾。

本书以土木工程领域为例，该领域与其他许多领域一样，与我们的日常生活息息相关，但又存在许多隐蔽知识点。通过研究这一领域，可以为相关领域研究，如化工、服装、金融等领域提供有价值的参考。

1.1.4　双语工具书的需求

土木工程行业在经济发展中有很大的占比，不仅占据较大的经济产值，也创造了大量就业机会，该行业的发展和壮大逐渐也成为国际、国内投资的一个重要渠道。根据国家统计局发布在网络上的数据（见表1.1），在2018—2022年间，尽管其中三年受新型冠状病毒肺炎疫情的影响，但平均每年签署海外工程合同份数均超过10000份，平均每年合同总金额超过2500亿美元，每年实际完成合同金额数超过1500亿美元，2013—2022年，从对外承包海外工程合同份数（图1.1）、对外承包工程合同金额（图1.2）、对外承包工程完成营业额（图1.3）以及2013—2021年海外工程从业人数（图1.4）的柱状统计图来看，2013—2019年，我国企业每年所签订的海外工程合同数、合同总金额、实际完成合同金额、外派海外工程从业人数均呈现波动式增长；在2020年、2021年、2022年这三年时间里，上述各项指标相对平稳而没有明显下降。近十年，每年外派工程人员数和对外合作工程务工人数之和超过了50万人，间接说明了我国对外工程事业呈现欣欣向荣的局面。

表 1.1　2013—2022 年中国海外工程项目总值与从业人数一览

指标	2013年	2014年	2015年	2016年	2017年	2018年	2019年	2020年	2021年	2022年
对外承包工程合同数（份）	11578	7740	8662	19157	22774	10985	11932	9933	10786	9823
对外承包工程合同金额（亿美元）	1716.29	1917.56	2100.74	2440.10	2652.76	2418.04	2602.45	2555.36	2584.94	2530.70
对外承包工程完成营业额（亿美元）	1371.43	1424.11	1540.74	1594.17	1685.87	1690.44	1729.01	1559.35	1549.43	1549.90
对外承包工程年末在外人数（人）	370100	408900	408600	372900	376800	390700	368100	273400	258400	—
对外劳务合作劳务人数（人）	255700	292600	276800	264000	300200	265000	276000	162300	189800	259000
对外劳务合作年末在外人数（人）	482600	596900	618300	596000	602300	606100	624100	349800	333900	543000

数据来源：中华人民共和国国家统计局网，2023 年。

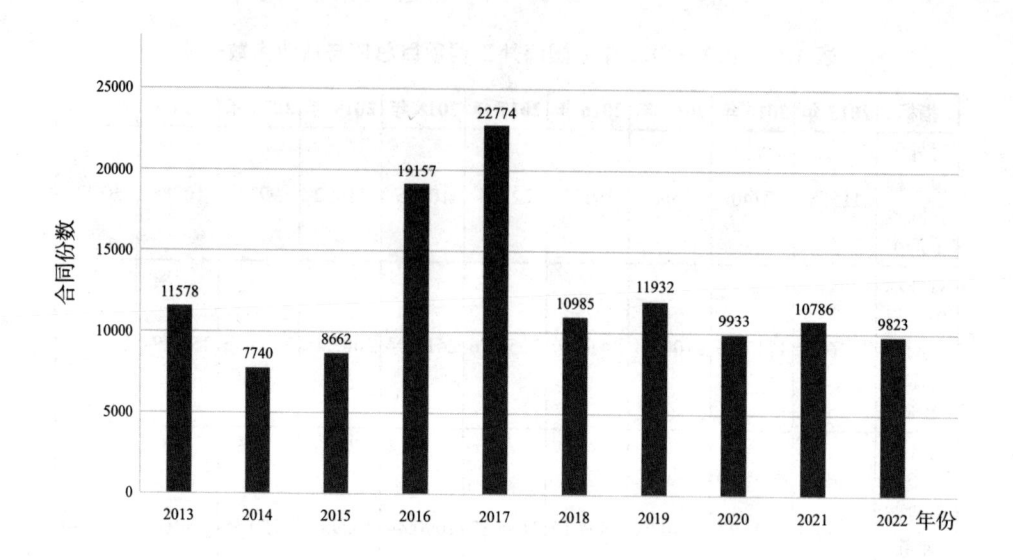

图 1.1　中国 2013—2022 年对外承包海外工程合同份数柱状统计图

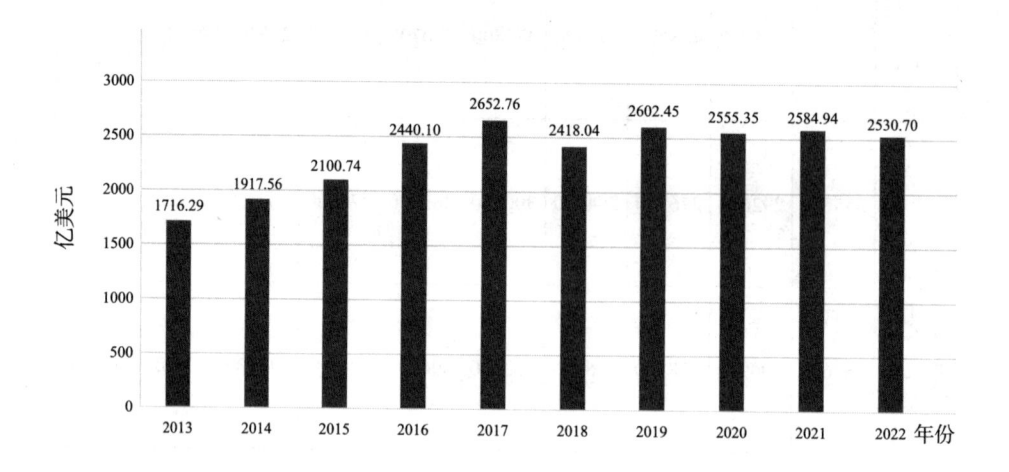

图 1.2　中国 2013—2022 年对外承包工程合同金额柱状统计图

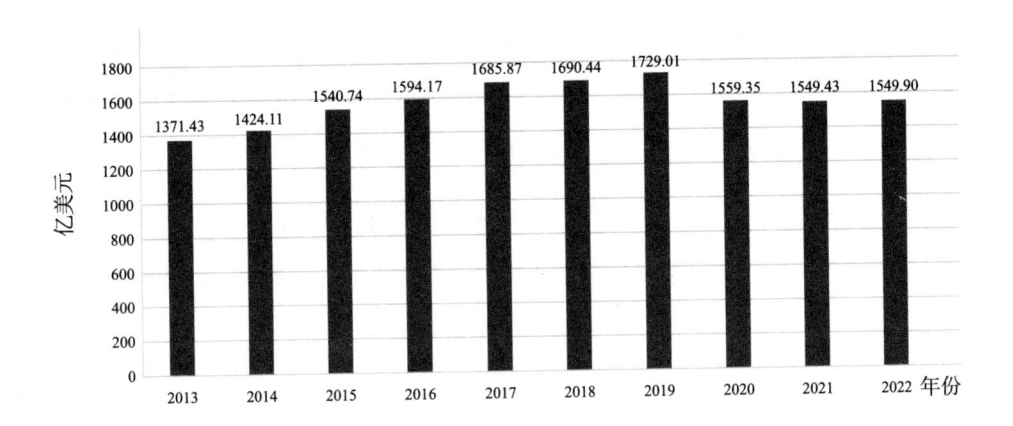

图 1.3　中国 2013—2022 年对外承包工程完成营业额柱状统计图

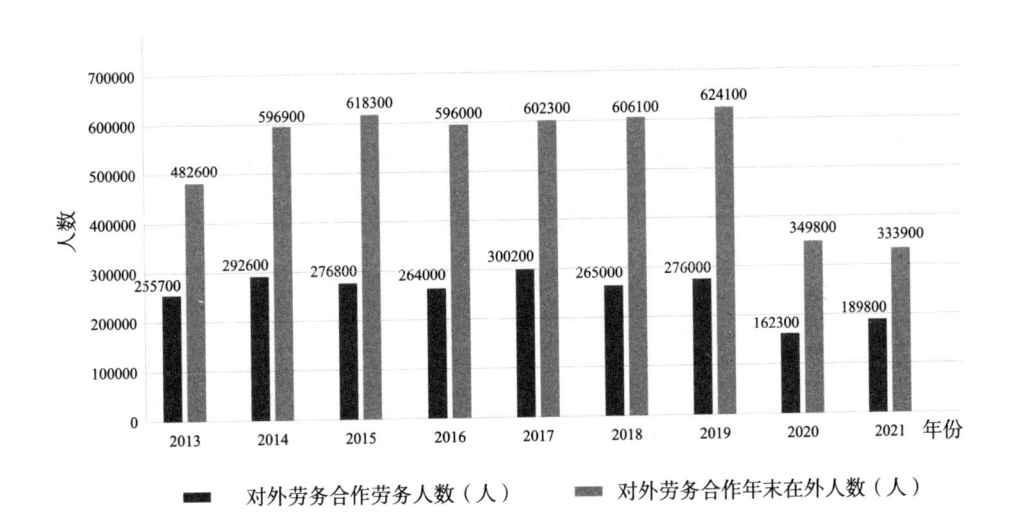

图 1.4　中国 2013—2021 年海外工程从业人数柱状统计图

注：其中左列表示对外劳务合作派出劳务人数，右列为对外合作年末在外人数。

从以上五组数据中，我们不难发现我国对外工程投资迅猛增长，与之相伴的是对工程类专科工具书的需求也在不断增加。目前世面流通的汉语双语专科辞书常被编纂成术语对照表，专科词典属于弱势学科，根据过去三十多年的专科辞书编纂实践证明，我国的专科词典研究空间还很大（赵连振、耿云冬，2015）。建筑工程行业迅猛发展及其所带来对双语工具书的需求，以及目前国内专科辞书研究不足，都为本书研究提供了发挥空间。

1.1.5 用户语言水平和辞书需求的变化

一方面，国内英语教育发展提升了国内大众的英语水平以及借助外语了解专业知识的能力。国内英语教育院校不断扩容，以福建省为例，截至2023年，开设英语本科层次教育的公立高等院校从之前的6所（厦门大学、福州大学、福建师范大学、华侨大学、闽南师范大学、集美大学），增加到18所（新增福建农林大学、闽江学院、福建理工大学、福建江夏学院、福建医科大学、厦门理工大学、宁德师范学院、莆田学院、泉州师范学院、龙岩学院、三明学院和武夷学院）。开设英语专业硕士学位点的院校从2003年前的2所（厦门大学、福建师范大学）增加到如今的8所（厦门大学、福建师范大学、福州大学、华侨大学、闽南师范大学、福建理工大学、福建农林大学、集美大学），院校数量是过去二十年的四倍。英语专业博士点院校从1993年的1所（厦门大学）增加到目前的2所（厦门大学与福建师范大学）。目前翻译专业学位硕士教育也在不断发展中，翻译从业者人数也在不断攀升。通过窥探英语专业在全国34个省级行政区之一的普通省份——福建省的发展情况，不难预测全国范围内英语专业的发展情况。在此背景下，双语词典用户在语言水平和规模上都较过去有了很大提升。

另一方面，科技领域的迅猛发展。在学术论文发表方面，周辉等（2004）回顾了中国大陆学者在1994—2002年间发表在《自然》（Nature）和《科学》（Science）上的研究性论文，并指出这一时期中国大陆学者在科技领域竞争力不足，学者在国际知名刊物上发表的论文不论在数量还是质量上均不算上乘，重要原因是英语写作能力低下以及科技发展落后。然而在《自然》的增刊《2015中国自然指数》（Nature Index 2015 China）中呈现的数据则是另一番景象，《自然》的客座编辑凯伦（Karen McGhee）和高级编辑里奇（Nicky Phillips）在2015年指出中国的加权分数式计量（自然指数）从2012年到2014年间增长了37%，这一增长让中国在自然指数中遥遥领先，可以看出中国已经日益成为一个新兴的科技强国。在这一飞跃背后，我们可以看到的是英语写作水平的提升，专业领域知识的进步以及对外科技交流需求的增加。根据中国在世界顶级科学刊物上发文情况，可以看出中国在某些领域的研究已经处在世界领先位置。随着越来越多的发明创造，中国科技逐步走向世界，与世界交流的呼声将会越来越强烈。

我们当下处在一个信息爆炸的时代，各色信息以各种形式呈现给我们，电脑、网络、App等都成为信息的载体。这些载体的特点是能够为我们提供更快速、更便捷和更低廉的信息服务。当我们需要查找双语对应词时，这些载体可以实时为用户提供所需信息，但这并不意味着这些载体可以直接取代人类在词典上的工作，因为不论App还是网络，都不能"无中生有"，这些载体所提供的双语信息均源自辞书编纂人员编写的词典，而且App或者网络中的信息还可能需要用户进一步验证，方可放心使用。从用户需求上看，用户需要的是传统纸质词典中的权威信息，但需要配合上更便捷的检索模式。

除了信息技术的发展之外，计算机的普及也在不断影响着词典用户。在过去几十年中，国人计算机水平有了巨大提升，目前计算机技术在任何层次的高等教育中都是必修课程。计算机设备和应用的普及已经成为国人生活的一部分，这让词典用户的计算机实操能力也有了很大提升，他们逐渐具备了利用网络提取双语信息的能力。

新一代词典用户具备了更高的外语水平、更广博的专业知识以及更灵活的计算机应用能力，因此对词典需求也发生了变化。本书从词典学角度尝试分析用户在词典使用情境中最切实需要的功能。同时也指出当下词条检索应当能够突出当前时代的技术特征，能够为用户提供更高效、更便捷的信息查询服务。也正是出于对这些因素的考虑，本书选择把在线词典作为研究对象。

1.1.6 理论研究匮乏

国内关于双语专科词典的研究一直处在边缘化状态。回顾自中华人民共和国成立后的几十年来，仅有两部专著对专科词典进行了较为详细和全面的探讨，分别是1991年由杨祖希和徐庆凯合作的《专科辞典学》以及2011年徐庆凯的著作《专科词典论》。专科辞书研究体量十分小，与目前市场上面对工具书的需求不相匹配。

1.2 选题理据

专科词典词条不同于普通语文词典词条。普通语文词典词条常为单个汉字，而专科词典词条则常见为多个汉字组成的词组。词条嵌在文本中，语义边界模糊，要从文本中识别出准确的术语词条需要词典用户确定术语词条始于何时，终于何时。受到用户对专业文本理解的限制，以及用户专业程度高低的影响，非专业人士并不能完全准确识别出文中术语。

交际术语学理论主张术语取决于其所在的语境，而语境又受到句法、语用和认知等因素的影响（费伯 等，Faber et al., 2012）。假定专门领域的专家们可以准确使用术语，非专业人员不使用术语，那么专业水平介于二者之间的人——半专业人士使用术语的情况则千差万别。换言之，这些人对术语识别准确度也不尽相同。实际上，非专门领域的专家——半专业和非专业人士对文内术语的识别常常很随心，一般从直觉出发来识别术语。他们所识别的术语词条与准确的术语之间会存在差异，而用户在利用错误术语词条进行词典查询时是抱着自己认为识别了正确术语的心态和想法，换言之，用户可能利用错误的术语查词，但他们希望得到一个提示——他们识别错了术语，那么明确正确的术语又是什么？这才是词典用户真正的需求。可以说，用户使用检索词查词只是用户需求的表象，用户的真正需求是通过词典来确定其识别的是否是正确术语，其对应词是什么，如何使用这些词，能否使用在用户正在处理的文本当中。从文本中获取准确术语的重要性不言而喻，如何发现用户所需，进而改进专科词典检索策略也成为本书研究的当务之急。

在线词典较之纸质词典在检索上更为灵活，本书将立足探索用户所需，通过优化在线词典检索模式为专科辞书提供可解决用户术语识别不准确问题的词条检索方案。

1.3 主要术语

本书涉及一部分词典学术语，例如双语词典，双语专科词典等。本书所面向的读者主要是从事辞书研究或辞书编纂人员，因此不在文中额外作辞书领域术语说明。此处主要针对本书中出现的非辞书学科专用术语进行阐释。

1.3.1 术语

"术语"一词在英文中有两个对应词，"Terminology"和"term"。前者可指学术领域，后者专指专门领域知识的语义单元。从学术出版物对两个词的使用来看，二者经常被混用。本小节将对二者进行辨析。每个领域对特定词汇的定义可能各不相同，"术语"一词出自术语学领域，我们将从术语学家对二者的定义方面对其进行概念辨析。

术语学（Terminology）源自维斯特（Wüster）于20世纪30年代创立的普通术语学学派（叶其松，2007）。其主要目标是术语的标准化（勒姆，L'homme，2007）（卡布蕾，Cabré，1999，2003，2006）。后续术语学派不断发展，出现了分支，如融入社会语言学视角的术语学研究、交际术语学、认知术语学、框架术语学等，从不同的理论视角进行术语研究（费伯 等，2012）。

卡布蕾（1999）认为"Terminology"一词指的是一个关于术语研究的学科，以及编制术语表。"Terminology"并不是一门新学科，其之所以被视为新学科是因为术语学是在过去几十年中才得以系统化的研究，确立了其理论、基础和方法。关于"Terminology"与"term"的关系，她认为，"Terminology"一词至少包含以下三个概念。

（1）术语词汇研究背后的概念基础和理据。

（2）术语类工具书编纂的指导思想。

（3）特定学科的一整套术语词汇（卡布蕾，1998；萨戈，Sager，1990）。

卡布蕾（2003)在后续的研究中提供了较为完整但相近的关于"terminology"一词的定义，她指出"terminology"指的是一个学科，目的在于呈现专门领域的知识，在术语学应用研究应当考虑到用户的特征；术语学作为理论基础，为术语词条的确立和术语工具书的编纂提供理论依据；同时"terminology"亦指特定专业学科的整套词汇。

影浦峡（Kageura，2002)对"terminology"和"term"分别做了以下定义。

（1）"Terminology"高于"term"以及"term"所指代的具体事物，从逻辑上讲，"term"所指代的具体事物又先于"terminology"作为学科。

（2）"Terminology"作为学科，与学科领域和"term"所指称的概念也有紧密的联系。

（3）不论术语词汇研究还是术语学科研究，特定词汇表述与其所使用的专门领域是绑定关系。

从这些关于"term"和"terminology"的定义辨析当中，我们不难发现，二者的关系就如同"word"和"vocabulary"。"word"指的是单个语义单元，"vocabulary"指的是词的集合。前者存在复数形式，后者则为集合名词。同理，"term"经常使用复数形式"terms"，但鲜有"terminology"使用复数形式"terminologies"。

通过以上引证，我们不难发现"terminology"指的是术语词语的集合，以及针对术语集合的研究。接下来，我们将对"term"一词进行更为详细、精确的定义。卡布蕾（1999）从广义角度将"term"一词看作专业领域的知识单元，术语具有专业领域指向性，同时也指出术语工具书的编写要考虑到其用户以及术语所出现的语境（卡布蕾，1999，2003，2006）。萨戈（1998）认为不同术语用户对术语的认定存在差别，也就是说一个被非专业人士认定为术语的词语在专门领域从业的专家眼中可能为非术语。普登与欧瑟（Budin and Oeser，1995）认为每一个术语词都会不断与普通词一道出现，反复使用，因为术语词汇和普通词汇一样都具有普通语言的特征；用于表达特定专业领域知识的一部分术语词汇是灵活变化的（影浦峡，2002）。术语学者告诉我们一个事实：术语与其使用者以及其所出现的语境密切相关。

1.3.2 "term"术语的定义

关于"term"一词的定义，我们可以找到不同答案。因为不同术语流派的存在，维也纳学派、布拉格学派、俄罗斯学派、多伦多学派和西班牙学派等，各个学派对"term"的定义不尽相同。布拉格学派和俄罗斯学派有很强的标准化术语主张，维也纳学派则注重术语的命名，多伦多学派的主要任务是要保护和传承加拿大法语，特默曼（Termmerman，2000）指出每个学派都有自己的术语定义。最初，术语学派由维斯特于20世纪30年代创立，之后出现其他学派。在维斯特创立术语学派之后的很长一段时间里，术语研究的重心一直集中在工程领域的术语描述、术语语言规划和术语标准化三个方面，这也是维斯特创立术语研究学派的初衷；最初参与术语学研究的都是专门领域的工程师，术语研究在于为工程领域的沟通交流提供解决方案（卡布蕾，2003）。然而，随着术语学派出现分支,以及语言学家的加入,术语学研究的覆盖面得以扩大,确定一个令各个学派都认同的术语定义变得愈发困难,如果轻易使用某一学派的"一家之言"对术语进行定义,不仅不利于对术语理论的全面发展,而且对其他术语理论贡献者不公平。

术语研究可以分为两个阶段:主要由工程师或专门领域从业专家参与的传统术语学研究,以及由大批语言学家参与的现代术语学研究(卡布蕾,1998,2003;特默曼,2000;萨戈,1997)。关于"term"一词的定义,本书将从术语研究的两个历史阶段来探索。

1.3.2.1 传统与现代术语学派对"term"的定义

术语学领域普遍认定术语词汇出现在专业领域,用于表示专业领域的知识单元。贝塞等(Bessé et al.,1997)学者在《术语学刊》(*Terminology*)上对"term"一词做了如下定义:"term"指的是由单个词或多个词组成的词汇单位,用于表示专业领域的概念单元。

传统术语学研究在于便利工程领域的技术交流,研究的重心集中在术语标准化上,并且主张术语是单义的。现代术语学则以语义研究为基础,从术语的指称、认知和交际角度进行术语研究(萨戈,1990),术语学的研究分支有社会术语学(博朗戈,Boulanger,1991;戈丹,Gaudin,1993,2003;勒姆,2003)、框架术语学(费伯,2012)、交际术语学(卡布蕾,2000,2003)以及社会认知术语学(特默曼,1997,2001,2003)等。这些术语学分支都主张术语也如普通语言单元一样,是多义的。本小节将对现有关于术语的定义进行概述,同时结合中国术语研究情况尝试性地提出一些关于术语(term)的定义。

1.3.2.2 传统术语学对术语（term）的定义

术语是一整套语言现象，使用于特定的学科领域，出于特定的目的和特定的条件（霍夫曼，Hoffmann，1979）。

隆多（Rondeau，1985）指出"根据索绪尔的定义，术语从根本上说就是一个语言符号；有其能指和所指"。隆多认为术语给指称的事物贴上了标签，对事物进行了概念定义，不像维斯特那样认为术语仅仅是一个标签符号。隆多认为术语还表达事物概念，而不是单纯的语言符号标签。

隆多主张术语学家要以术语的概念为先，先要清楚术语的概念，而后再确定哪个标签适合这个概念。定义某个术语的概念要考虑到其与同领域其他术语所指称概念之间的关系。这一点与维斯特主张术语词汇系统性和有组织性的观点不谋而合。隆多还提出普通词汇与术语之间存在分界线，但是除了明确术语是使用在专门领域之外，隆多没有对二者的差别进行更深入探究（皮尔森，Pearson，1998）。

萨戈关于术语的定义是："术语使用在固定的专门学科领域中，是突显专门领域语言组织性和系统性的语言；术语用于指称某一专门领域中约定俗成的概念、事物或现象等；特定的专门领域内部除了存在一系列专业术语之外也存在大量的普通领域词汇，这些词汇与专业术语的差别在于，前者还可以出现在其他专门领域中，语义较为模糊，具有专业普适性，后者使用在特定专门领域会被赋予特定的含义，语义比较准确。用于指称某专门领域专有的事物、概念和现象的词语集合称之为"terminology"；"term"和"terminology"的关系就好比"word"与"vocabulary"。①

---

① Sager J, *A Practical Course in Terminology Processing* (Amsterdam: John Benjamins Publishing, 1990), pp.58-59.

戈德曼、佩恩（Godman and Payne）将术语定义为"科学家们用来确保概念一致性的语言，不论这些语言如何使用，都要确保其无歧义"[1]，其与普通语言有如下关系。

（1）普通语言中也存在术语，例如，表达逻辑的术语词汇，像并列连词、从属连词、定冠词、数量词等；科学领域使用的词汇；在科技类文本中，普通语言也起到同样的作用（戈德曼、佩恩，1981）。

（2）术语最初是出现在普通语言当中，在应用于科技领域后，其语义受到了一定的限制，被赋予了更精确的含义，必须是"语义明确且无歧义"（考斯，Caws，1964；昆达，Kunda，2010）。戈德曼和佩恩（1981）也表示，科技文本中的语言得是受限而且必须精确的。

我国术语学家郑述谱（2005a）对术语的定义进行了总结，指出俄罗斯术语学派作为传统术语学派的代表，关注术语的标准化，主张术语是单义的。

1.3.2.3 现代术语学派对术语的定义

（1）交际视角

卡布蕾等（1996）把术语定义为专门领域的知识单元，术语用于高效地表达专门领域的知识单元。卡布蕾于1995年在《术语的多元化》（*On Diversity and Terminology*）一文中提到了术语概念的多元化，专门领域所指称的事物、概念具有多维结构，我们可以从多个视角来研究。她也通过对同专门领域的不同文本进行术语提取，通过对比得出术语语义以及表述会随着语言情境的不同，交

---

[1] Godman A, Payne E M F, A Taxonomic Approach to the Lexis of Science. In Elinker L E (eds.), *English for Academic and Technical Purposes: Studies in Honor of Louis Trimble* (Rowley: Newbury House Publishers, 1981), p.24.

际对象的不同，以及交流双方对专门领域知识认知上的差异而有所改变，术语并非完全单义（卡布蕾，2000）。

（2）社会语言学视角

萨戈（1990）提出术语的多义性以及同义词要从社会语言学视角来进行探究。他指出术语可能出现在各类语言语境中，以及术语存在变体，此观点驳斥了传统术语学关于术语是单义的说法，一个科技现象、事物、概念独立对应一个术语的主张。同时，萨戈还指出同一术语出现在不同的文本类型当中，术语义也会有差异。

特默曼将术语看作"知识的节点"，每个节点都有不同层级的复杂性，这种复杂性取决于知识的细致程度以及人们需要了解这些知识的详略度（特默曼，2000）。

1.3.2.4　国内术语学界对"Terminology"与"term"的定义

术语是专业领域知识的关键词，是专业领域系统知识的结晶（郑述谱，2005b）。

（1）术语具有自然语言中词或词组所都具有的语义、形式特点。

（2）术语本身是在特定专门领域使用语言词汇，而所有某种语体的词汇中使用的。

（3）专用语言的词汇是用来指称专业的一般概念的手段。

（4）术语是反映或将理论模式化的术语系统中的成分，对专业领域的描写正是通过这种成分来进行的（冯志伟，2001；郑述谱，2005a）。

1.3.2.5 关于"term"的尝试性建议

结合上文关于术语的定义,本书将术语定义如下。

(1)术语是一个信息包,应用于特定的专门领域,以词汇、短语或语篇形式出现,是专门领域的知识关键词。

(2)术语在不同交际情境当中存在变体。

(3)常使用在特定专门领域用于表示特定的事物、概念和现象等,语义较为固定。

(4)术语既可以使用在特定的专门领域,也会被借用到其他专门领域。

(5)术语既要定义包括两个要素:术语本体定义,术语与其同领域内的其他术语之间的关系。

(6)术语、概念和指称物之间是一个三角语义的关系,而非术语与指称物直接对应的关系。[①]

(7)术语存在标准化与非标准化的形式变体。

本书通过实证研究来探索用户对术语的识别能力,其中涉及的专业术语和非术语均按照以上定义来划分。

1.3.3 专门领域

1.3.3.1 什么是专门领域

在谈及"术语"的两个对应词"term"和"terminology"关系时,我们说到术语是专门领域专用的语言。谈到编纂专科词典,首先要确定编纂"哪一科",

---

① 根据魏森霍夫(Weissenhofer)的术语定义。

即哪一专门领域。只有确定了专门领域，术语词条收集的范围才能确定。在跨学科研究日益盛行的当下，交叉学科越来越多，学科边界越来越模糊，因此确定专门领域范围尤显重要。本小节将根据功能词典学派和术语学派的主张来定义"专门领域"。

功能词典学派指出专门语言领域和普通语言领域存在如图1.5所示的关系，二者相交，存在差异的部分，也存在阴影部分的搭接关系（伯根霍茨、塔普，Bergenholtz and Tarp，1995）。如图1.5所示。

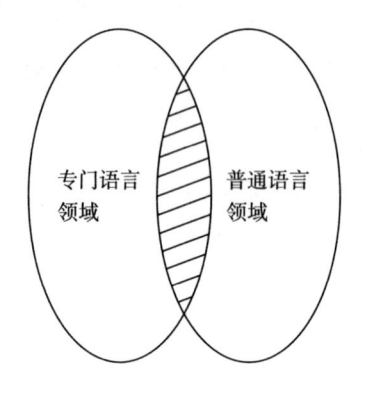

图 1.5　普通语言领域与专门语言领域的关系

术语学派则认为专门领域的出现是社会分工的结果（皮茜特、德拉斯考，Picht and Draskau，1985；卡布蕾，1999）。在出现社会分工之前，同一语言社区的人类都处在相同领域当中，知识和技能相同，人与人之间可以顺畅交流，此时人们所交流的语言就是我们所说的"普通领域语言"（language for general purposes），"普通"指的是所有人都使用并且都能理解。在这一情境当中，人类所有的知识交流都用这种所有人都能理解的话语。后来随着社会分工产生，不同的人们开始从事不同行业工作，于是渐渐形成了同行业从业者之间独有的交际方式。关于工作方面的交流主要都在同行之间，这样一来，行业内部形成了其独特的话语模式和用词，这些话语和用词有别于普通领域的语言。

如果我们将专门领域从业人员视为行业专家，那么此人会有两种属性：专门领域从业者属性和社会人属性。专门领域从业者属性指的是此人从事专门领域工作，使用专门领域术语进行专业交流；社会人属性指的是此人也同时生活在整个社会大家庭当中，也需要能够用普通领域的话语跟非专业人士交流。任何一个专业人员都必须先是社会人然后是专业人。从这一角度来讲，本书认同功能词典学派所提出的两个领域存在交集的说法。

从语言习得先后来看，人们习得普通语言先于专业语言。正如上文所提到的，专业人士先是一个社会人才，之后成长为专业人士。专业人与社会人相辅相成，专门领域话语与普通领域话语也会相互渗透，专门领域使用普通领域的语言。例如，英语中的"mouse"（老鼠）出现在专业领域可以指"鼠标"，也可以指"老鼠"。当然，专业术语也会进入到普通领域。例如，我们在日常对话中也会用到"CT""CPU""激光"等专业术语。虽然社会分工导致专业分化和各种专业话语的出现，但是随着人们活动范围的扩大，专门领域术语也不断进入到了普通语言领域，这些进入到普通语言领域的专业术语在普通领域中被当作普通词汇，在专门领域则被看作术语。

专门领域的语言基于普通领域的语言，两个领域具有相同的语法体系、语音、句法、语义系统，但是专门领域也有其独有的语言特征，例如，在英语法律文本中"shall"比"should"更常用，在科技语篇中人称较少，无人称句或被动语态较为常见 [威尔金森（Wilkinson），1992；原传道，2005；王虹光，2008]。

从语言的范畴视角来看，普通领域语言属于基本层次的范畴，专门领域语言（language for specific purpose）属于下位范畴，语言学（Linguistics）则属于上位范畴。人们习得专门领域语言需要以普通领域语言的学习为基础，专门领域语言是由通用语言的分支发展而来，而研究语言学既要考虑到普通领域语言又要考虑到专门领域语言。可以说，语言学是在对二者抽象研究的基础上产生的。因此，处在上位范畴是语言学理论范畴，中位范畴的是普通领域语言，而处于下位范畴的则是专门领域语言，如图1.6所示。

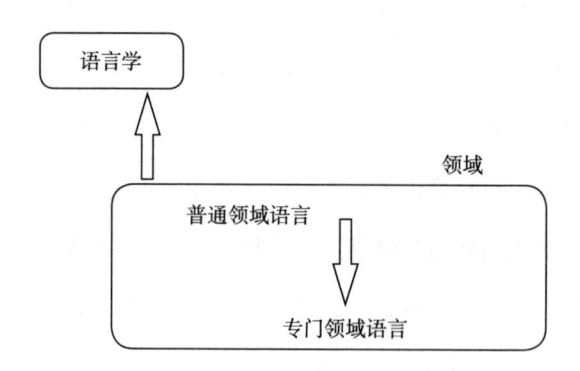

图1.6 语言学、普通领域语言和专门领域语言三者间的关系

1.3.3.2 确定土木工程专门领域范畴

学校教育是最常见培养人才的方式。学校的专业课程按照社会需求进行设置，学校教育目前是培养各个层次人才的最主要途径。学校的教育体系设置了许多专业，每个专业都下设各种课程，课程包含了基础课、专业课以及专业相关课程，这些课程分别具有不同的权重，共同构成了专业人才成长所需的知识。

如何定义土木工程领域，笔者认为，既然学校教育是最常见的专业人才培养方式，那么，专业课程有较为统一的标准，专业课程构成该专业的元素是最值得被认可的，编纂土木工程专科词典以其专业课程构成来确定专业的范围将比其他渠道更为可行。

土木工程专业中有核心专业课程如建筑施工、钢筋混凝土结构、钢结构等，基础专业课如建筑材料、建筑结构力学等，专业相关课程如建筑工程概预算、建筑施工组织、建筑应用电工等。这些课程信息可以参看开设土木工程专业院校的教学大纲。根据学科课程设置来确定专门领域的范围，可以有效帮助词典编纂团队在没有蓝本词典情况下收集专业词汇及其语境，并且排除非本专业词汇。

1.4 本书研究的目标

本书研究的目标可以分为宏观目标和微观目标。宏观目标是明确双语专科词典编纂实践要特别注意语言特征，不可轻易照搬其他语言词典的编纂实践；双语专科词典词条检索要为用户提供便利，在汉外双语专科词典编纂中要注意以下因素。

第一，词典的功能。根据功能词典学派（塔普，2014）的主张，词典有四个功能：认知（cognition）、交际（communication）、释义（interpretation）和操作指引（operational guidance）。以上功能是否适用于汉外双语专科词典，一部汉外双语专科词典应包含哪些功能？词典的功能需要根据使用者需要来确定。

第二，词典用户识别文内术语的能力。汉外专科词典使用的第一步通常是要从文本中确定术语语义边界，切分出准确而完整的术语，因此用户术语识别能力会在很大程度上决定查词成功与否。

第三，影响用户术语识别能力以及词典使用的因素。作为词典编纂人员，应该更多考虑如何优化词典检索策略设置，而不是期待用户提高词典使用能力来适应我们所编纂的词典。

第四，词典用户查词的真正需要。一般情况下，我们会认为，用户知道自己需要查什么，用什么来查。汉语的语义边界模糊、汉外专科词典词条的特殊性导致可能存在本书开头所提到的词典使用者与编纂者之间的认知矛盾，即用户从文本中识别来的术语与词典中收录的术语不匹配或者不完全匹配。事实上，用户更希望能够通过查询词典来验证所识别的检索词是否为专业术语，能否从词典中查到相关信息。鉴于此，本书深入探讨了汉外双语专科词典的用户之所需（参见第三章第 3.5 节）。

本书的微观目标是为宏观目标提供解决方案。例如，汉外双语专科词典如何帮助用户解决术语识别错误或不全的问题（详见第五章内容），分析纸质词典优劣势以及探讨如何将在线词典融入纸质词典的优点，如何解决术语变体的问题，针对词典用户在处理双语文件时可能出现的非术语查询需求，本书也将探讨在线专科词典中应当收录哪些词条（参见本书的第七章内容）。

1.5 本书构成

本书有八个章节。第一章是绪论，介绍了研究的对象、理据、范围、相关术语的定义，以及研究目标。

第二章回顾了中国专科辞书发展史。其中追溯了专科辞书理论研究和辞书编纂实践，以及对于在线词典的研究和学术界对词条问题的关注。

第三章是本书的理论框架。本书从功能词典学角度分析了词典的功能、用户和词典的使用情境；同时根据交际术语学主张分析了不同情境中的术语变体。本章节分析了用户所需，也提出了研究性的问题。

第四章是关于用户情况的问卷调查。问卷中有十个问题，询问关于词典的使用、词典的购买情况、从用户视角看双语专科词典词条以及术语词条等，通过对比收集到的问卷结果，形成初步的结论假设。

第五章是一个关于用户识别文内术语情况的实证研究。研究基于第三章提出的研究问题，目的在于为第三章的结论假设提供数据佐证。同时提出一些关于术语教育以及词典编纂方面的建议。

第六章基于汉语言语义边界模糊的特征、土木工程专业领域的知识特征以及用户以往使用普通语文词典的实践对后续使用双语专科词典造成的影响，讨论了第四章和第五章实证研究所发现的问题及其原因。

第七章关于为土木工程专业领域的在线汉英双语专科词典在词条检索上可能存在的问题提供了可能的解决方案。解决方案包括在用户不能识别准确术语情况下如何为用户提供可能正确的词条，对于用户所需要的非术语词条需要如何呈现到在线专科词典当中，以及用户通过键盘输入词条错误如何纠正等。提出将传统的"标准词目词（用户从文本中识别的词汇）—标准词目词语境（专科词典提供的词汇）"的检索方式提升为"用户检索词（用户从文本中提取的词汇）—相关词条的语境（专科词典根据用户输入的词汇提供含有相关术语词条的语境）—标准词条（用户根据词典提供的术语词条和实际文本中的术语匹配情况在语境中选择标准词条）—标准词条语境"（专科词典根据用户选择的标准术语提供该术语的具体语境），从最大程度上解决用户因无法从语篇中提取完整术语所造成的问题。

第八章是结论，总结了本书的发现和关于汉外专科词典编纂问题的解决方案，也讨论了本书的贡献与不足，同时也为今后的相关研究提出了看法。

本书以四个相关研究为基础。首先，第四章中对用户需求总体调查的问卷涉及十个问题，十个问题均相关，但在安排上予以打乱，目的是让被调问卷人不受前面问题的诱导，使问卷调查结果不受影响。从十个相关问题的答案来看，结果自相矛盾。基于这些问卷结果，形成了结论假设。其次，为了证明第四章的结论假设，本书在第五章进行译者术语识别能力的实证研究，针对不同翻译水平和专业知识背景的翻译专业入门级学生和半专业译者，文本是非专业文本和半专业文本（详见第五章关于被试和测试材料的划分）。被试对术语的识别分为"完全匹配""部分匹配""不匹配""非术语"四种情况。将所收集到的数据用 SPSS 19.0 统计学软件进行分析，通过实证数据分析，我们发现研究结果与常理相悖，译者翻译水平有提升，但术语能力没有很大变化，被试的术语识别能力与所接受的专业教育不相匹配，因为有大量被试将非术语词汇视同术语，在术语识别准确度上比低水平的被试更差。这些在很大程度上说明在现有翻译实践和课程设置下，译者术语意识没有随着自身翻译水平的提升而提高。这一发现也证实了第三章的结论假设——译者对双语专科词典收录什么样的词条并不熟悉，词典用户经常误将非术语词汇当作术语来查询，甚至认为专科词典应如普通语文词典一样，可以"随心所欲，想查什么就查什么"。换言之，用户眼中的术语不同于词典编纂者收录到词典中的术语。通过实证研究，我们还间接发现词典用户在查询专科词典过程中也有非术语词条查询的需要。实证研究得出的数据结合后续对被试的访谈，我们把问题归因于国内词典用户对汉外双语专科词典的信赖程度不高。第六章，我们从三个方面来探究实证研究的发现：汉语言语义边界模糊的特征；土木工程领域知识特征（这两大特征使专科词典与普通语文词典在词条方面存在差别之处）；汉语普通语文词典使用对后续使用汉外专科词典的影响。通过对这三个方面分析来探讨第一章开头提到的词典用户与词典编纂者在词条方面的矛盾，即词典用户对汉外双语专科词典信赖程度不高的原因，进而提出汉外专科词典的编纂要注意汉语言语义边界模糊的特点以及词典用户需求，基于其他语言的辞书编纂实践不一定都适用于汉外词典的编纂，我们也提出在词典编纂过程中要清楚汉语语言特点以及词典用户所需。最后，我们通过第七章针对前面三个章节得出的用户在词条检索方面会存在的问题，对照现有在线词典在词条检索方面所存在的问题，提出多词检索，融合图片和动画信息呈现以及语料库技术的词条检索模式，为在线词典词条检索提供优化方案。

第二章　国内汉外专科词典研究与编纂回顾

近十来年专科辞书的理论研究成为国际辞书界新话题，随着互联网技术的不断发展，在线词典在近几年逐渐兴起。国内汉外、外汉专科词典的编纂经验比较丰富，过去几十年见证了专科辞书出版量的大飞跃，但目前汉外、外汉专科词典的发展出现了瓶颈，几乎所有的汉外、外汉专科词典都千篇一律地编成术语对照表的形式（赵连振、耿云冬，2015）。汉外专科词典需要一场理论研究和编纂实践的新突破。

由于本书针对的是汉外专科词典，而辞书学界有关汉外类专科词典的理论研究和编纂实践都以国内为主，因此本章主要对回顾相关问题进行探究。本章我们将回顾国内汉外专科词典的理论研究和编纂实践的历程，并以此发现目前汉外专科词典编纂所面临的问题，主要关注汉外专科词典词条的检索问题。

2.1 国内汉外专科词典的发展

较之专科词典研究，国内辞书学界对普通语文辞书的研究和编纂关注度更高。辞书研究与编纂的发展主要以普通语文词典研究为主。尽管二者同属辞书研究的分支，而且普通语文辞书的研究对专科辞书研究会有一定的启示作用，但普通语文辞书与专科辞书在词条信息上存在较大差异，在词条检索方面，普通语文辞书对专科辞书而言，可参照性并不强（参见第六章第 6.5 节）。因此本节只针对专科词典的发展进行回顾。

2.1.1 辞书编纂实践

2.1.1.1 纸质词典

中国自古就有"盛世修典"的传统（卢华国 等，2013）。国内双语词典的编纂实践远早于其理论研究。最早的双语专科词典可以追溯到一千多年前的隋朝，当时编纂的《北堂书钞》被认为是迄今最早的分类词典，从其收录的信息来看，这是一部百科辞书。在后来的朝代里，专科辞书进入了更佳的发展阶段，越来越多专科辞书得以出版，辞书范围包含医学、考古、钱币、植物学等领域（雍和明 等，2010）。汉英、英汉双语词典大规模的编纂实践始于清末民初的"西学东渐"。在这一时期，中国引进西方科学技术，因此双语辞书以英汉词典为主，出版了《翁氏解析几何词典》（1920）、英日中三语《动物学语汇》（1920）、英汉《高氏医学词汇》（1939）、中西对照的《数学辞典》（1925）、英德汉《地质矿物学大辞典》（1933）、《英汉化学新词典》（1933）。在此期间土木工程汉外双语专科词典的出版量相当少，《新编华英工学字汇》便是当时出版的其中之一，其被学界认为是中国大陆出版的第一部土木工程汉英双语专科词典，其中收录大部分来自土木工程和机械工程领域的术语（潘小松，2012）。

在中华人民共和国成立以后，辞书编纂随着前两次国家词典编写规划进入繁荣期。第一次辞书规划出现在1975—1985年。第二次辞书规划出现在1988—2000年，2001—2008年被视为第三次辞书规划前期（魏向清、耿云冬、王东波，2010；赵连振、耿云冬，2015）。2023年10月30日，国家新闻出版广电总局下发了《关于印发〈2013—2025年国家辞书编纂出版规划〉的通知》，颁布第三次国家辞书编纂出版规划并付诸实施[①]。伴随中国辞书编纂事业繁荣而来的是1993年中国双语词典专业委员会的成立，一年后专科辞书专业委员会成立，以及大批辞书研究机构成立。1988年南京大学双语词典研究中心成立，1999年商务印书馆辞书研究中心成立，2001年广东外语外贸大学词典学研究中心成立，2003年厦门大学外文学院双语词典与双语文化研究中心成立。在此三个阶段，一共出版了6624部外语词典，专科辞书的出版量远大于普通语文辞书。具体见表2.1—表2.3。

表2.1　三个时期编译出版辞书的数量

	语文辞书（部）	专科辞书（部）	专项辞书（部）	百科辞书（部）
第一次辞书规划	3	60	14	2
第二次辞书规划	22	118	23	11
2001年以来	32	85	38	7

数据来源：魏向清、耿云冬、王东波：《中国外语类辞书编纂出版30年（1978-2008）回顾与反思》，上海辞书出版社，2011。表2.2和表2.3同。

---

① 杜翔：《辞书规划与辞书发展状况》，http://ling.cass.cn/aboutus/zuzhijigou/cdbjs/kslb/202112/t20211215_5382203.html，访问日期：2023年7月5日。

表 2.2　三个时期英汉与汉英类辞书出版情况对比

	语文辞书（部）	专项辞书（部）	专科辞书（部）	双解辞书（部）
英汉类辞书	484	778	1470	237
汉英类辞书	154	129	300	7

表 2.3　三个时期不同类型辞书出版数量对比

	语文辞书（部）	双解辞书（部）	专科辞书（部）	专项辞书（部）	百科辞书（部）
第一次辞书规划	9	0	20	12	0
第二次辞书规划	52	5	143	62	3
2001 年以来	89	2	121	54	3

从表 2.1—表 2.3 中可以看出，过去三十多年，我国专科辞书出版数量增长最快，尤其在第二次辞书规划期间（即，1988—2000 年），专科词典出版量占据很大比例，但是汉英专科词典的出版量远远不及英汉专科词典的出版量。表 2.1—表 2.3 中的数据透露出一个事实——中国国内的英汉、汉英专科词典出版量不平衡，英汉专科词典的出版量远大于汉英专科词典。出于发展平衡考量，汉英专科词典今后还有很大发展潜力和广阔的市场。

2.1.1.2　电子词典及在线词典

除以上提到的纸质词典以外，电子词典和在线词典也有一些创新。不过，目前还没有专门针对某个领域的电子词典或者在线词典。一部分电子词典将内容定位成了普通语文电子辞典，当然也有少部分电子词典在内容上是普通语文词典，专科词典作为其附属存在。在线词典方面，目前国内主要有两个在线词典，均非专门针对特定领域的专科词典，而是同普通电子词典一样收录了不少专业词汇，作为普通语文词典的附属。其中一种词典对术语仅提供对应词，另一种词典虽提供了一些例句，但是例句的准确性与专业性仍有待商榷。目前电子词典及在线词典也初具规模，但鲜有关于在线汉外双语专科词典方面的专著。

2.1.2 双语专科词典的理论研究

第一章提到的术语学理论和功能词典学是专科词典研究的主要理论依据。以专科词典学所涉及这两个理论的关键词"术语词典""术语辞书""专科词典""专科辞书""专科词条""专科"并含"词典"或"辞书""专科词典学""专科辞书研究""专科词典研究"作为检索主题词在国内最大的学术数据库——中国知网里检索国内辞书规划三个阶段里学术论文的发文情况。通过排除不相关文献，最终获得153篇学术论文，发表时间介于1979—2015年，没有发现1979年以前的记录（如图2.1所示）。1979—2015年，每年平均发文量不足10篇。通过将图2.1与图2.2、图2.3和图2.4进行对比，我们不难发现专科词典研究的情况与专科词典编纂的情况相脱节。在第一个辞书规划阶段，词典编纂进入飞跃期；在第二个辞书规划阶段和第三次辞书规划前阶段，词典编纂进入稳步下降期。而关于专科辞书的研究的变化波动不大。

1979—2015年间，总共有153篇发文量，其中的15篇是硕士学位论文，5篇是博士学位论文，其余均为普通学术论文。在发表的153篇文献中，其中23篇是关于词典编纂经验论述；其中45篇是关于词典批评，85篇是关于词典理论研究（其中31篇关于专科词典的普适性理论，17篇关于词典的义项研究，8篇关于词目研究，29篇关于词典的检索策略）。在153篇文献中，有8篇是关于双语专科词典，8篇是关于专科词典的词条，仅1篇是关于双语专科词典的词条问题。具体如图2.5所示。

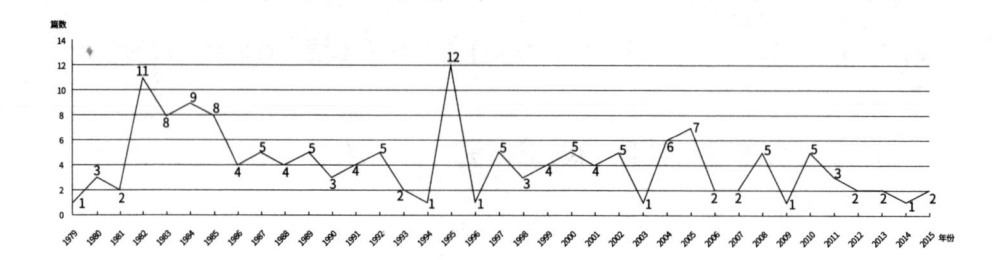

图2.1 1979—2015年间发表关于专科词典研究的论文数

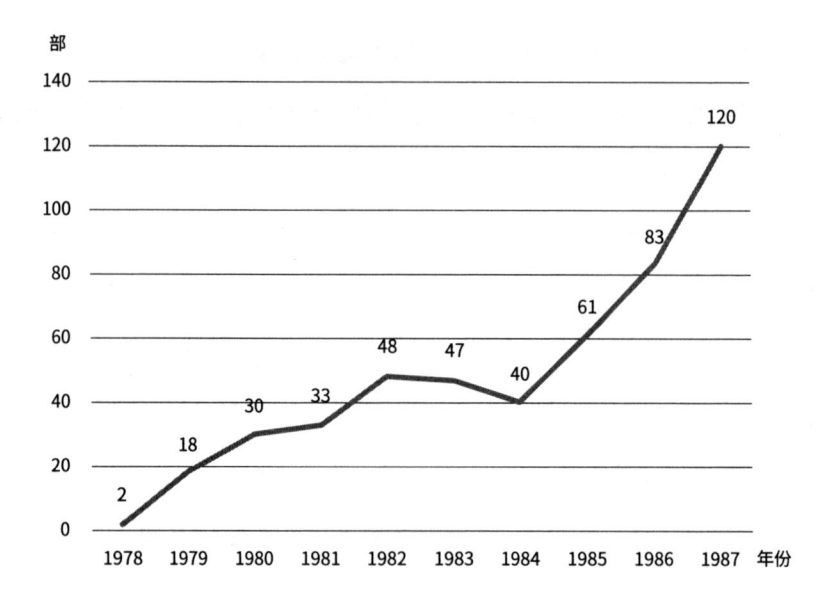

图2.2 第一次辞书规划期间的词典编纂量（赵连振、耿云冬，2015）

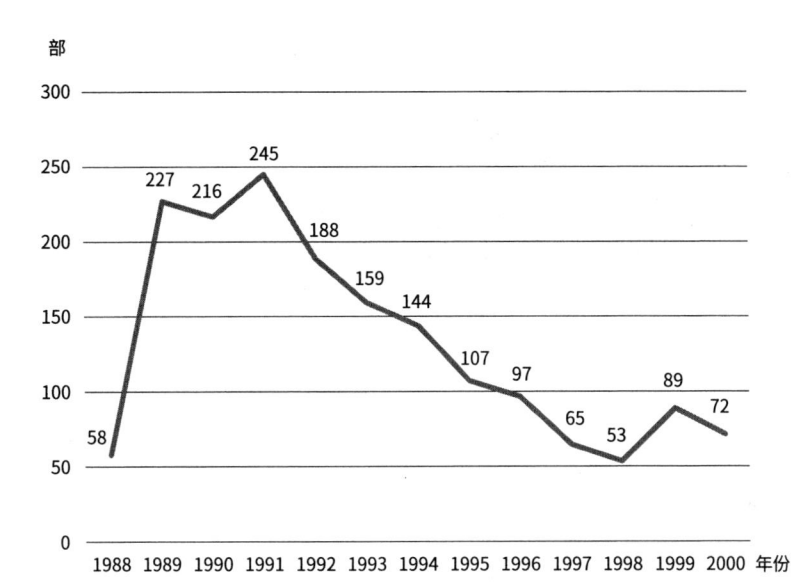

图 2.3　第二次辞书规划期间的词典编纂量（赵连振、耿云冬，2015）

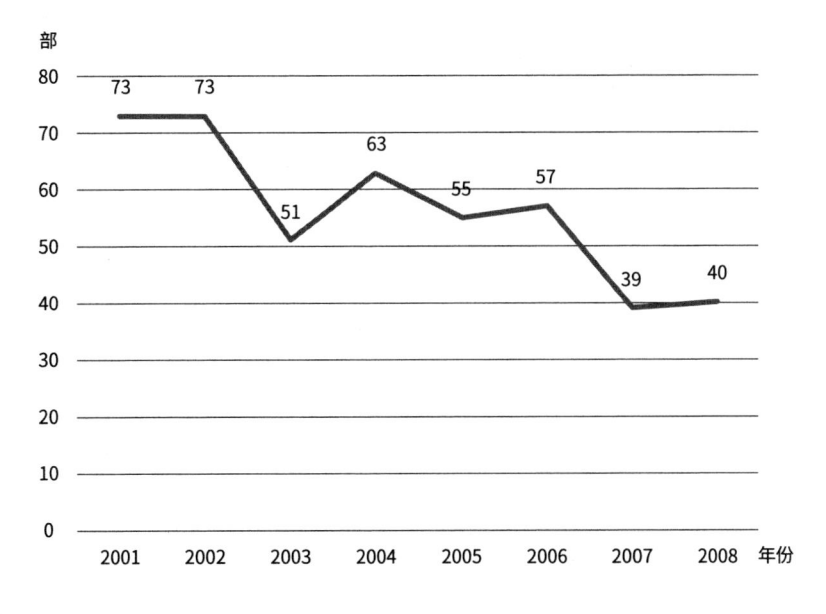

图 2.4　第三次辞书规划前期词典编纂量（赵连振、耿云冬，2015）

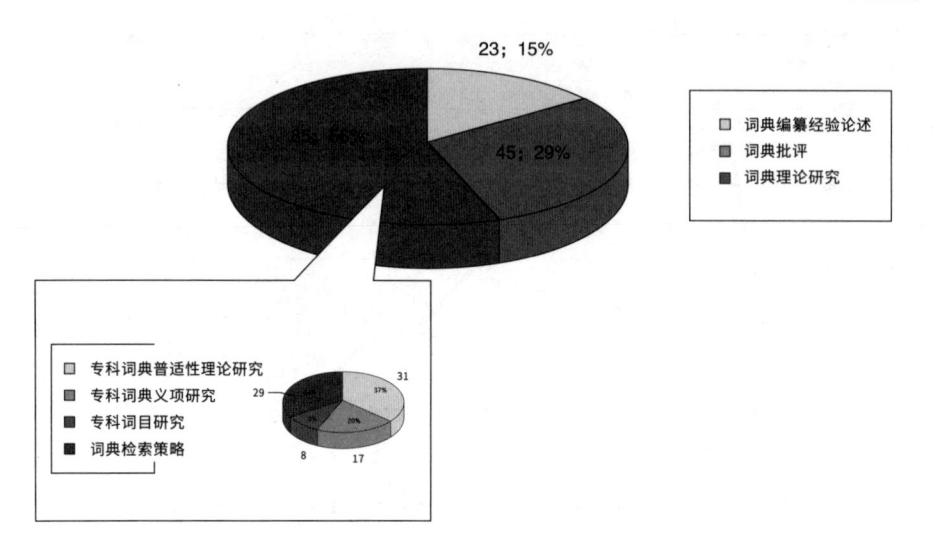

图 2.5　1979—2015 年双语专科词典研究文献数量

尽管数据显示 1979—2015 年我国双语专科词典研究体量不足，但不代表国内专科词典研究不受学界重视。成规模的专科词典研究是在最近 20 年才开始的，此时距大规模专科辞书编纂已经过去 20 多年了，因此专科词典的理论研究在实践上有一定脱节，也就导致了后来研究体量小的问题。

尽管过去 40 多年以来有大批汉外、外汉专科辞书出版，但从辞书的成品来看，专科词典的编纂缺乏理论指南和普适指南。专科辞书的理论研究仍存在不足，从中国知网收录的研究论文来看，对专科辞书相关主题的研究较为缺乏，而且对辞书问题的研究聚焦不足。

目前汉外、外汉专科词典经常被编纂成术语对照表，同时，专科词典缺乏科学的分类和定位，经常收录一些非专科词条，如"文化：culture""天：sky"

这样的词条。徐庆凯（2011）指出，"专科辞书的研究相当落后，著作甚少，研究工作的广度、深度和质量都很不如人意……这种情况，颇不利于专科词典事业"[①]。赵连振、耿云冬（2015）建议今后工具书应发展本国理论，同时吸收国际上相关研究进展，改变把专科词典编纂成词汇对照表的模式；文军（1996）为双语专科词典的微观结构提出了建议，认为双语专科辞书研究应该更深化。尽管目前关于双语专科辞书的理论研究还比较缺乏，但国内的专科词典已经覆盖了所有学科（赵连振、耿云冬，2015），但是这些词典的编纂还属于粗放型的辞书编纂。专科辞书研究需要深化，编纂需要朝着更精细模式发展。本书研究立足此目标，从词条检索优化角度来深入探究在线双语专科词典的检索模式。

国内关于电子词典、在线词典，以及汉外专科词典词条的研究远落后于国际。目前相关研究还没有专著出版，研究性论文也十分稀少。在为数不多的研究中，万志红等（1995）讨论了如何通过程序汇编来设计医学电子辞典；马娟、李红樱（1998）论述了医学分类词典及其检索；张建锋等（2003）讨论了如何设计植物学电子辞典；蓝荣钦、牟晓辉（1999）讨论了拓扑学词典的总体设计；王权岱（2002）讨论了植物学电子词典的数据处理；卢文林等（2006）则讨论了网页线上词典中古代农业术语词条；郑勇奇（2004）则讨论了拉丁文、英语和汉语树木名称电子词典的研制；张海清、宋永珍（2008）则讨论了关于液压钻井技术电子词典的编制；孙景岩（2007）论述了中学课程使用的地理学电子词典；周晋华（2011）探讨了质检专业电子词典的编制；关于在线词典方面，吴维宁、卢卫平（2002）对在线渔业词典现状进行了归纳和梳理，并对其发展提出了相关建议。

[①] 徐庆凯:《专科词典论》，上海辞书出版社，2011。

学术界关于在线词典的讨论仅有两篇，其中一篇还仅是针对在线词典中古代农业术语词条，另一篇虽是关于在线词典，但也仅仅对特定专门领域在线词典进行了宏观概述，对词典编纂中涉及的微观问题并没有深入探究。从国内发表的研究论文及其研究者和其所在机构来看，大部分研究者都是专门领域的专家，几乎没有词典学专业人士参与，因此大部分研究均为电子词典或在线词典编纂的经验之谈，缺乏词典学的研究视角，而且研究主题分散，研究成果数量少且研究深度不足，因此都不具有代表性。专科词典本身是一个融合专业领域知识、辞书学、术语学和信息技术于一体的多学科研究或实践，这也就意味着专科词典的研究需要多学科人员共同参与。缺乏多学科视角的参与，也可能是目前双语专科词典出现问题的重要原因之一。

2.1.3 小结

通过对国内专科词典研究历程的基本梳理，我们可以发现专科词典在国内的研究覆盖面广，其研究内容包含词典批评、词典理论、词典编纂和用户研究，但研究问题聚焦不够，研究体量小。专科辞书在过去四十年得到了大规模编纂，但由于缺乏系统专科词典理论研究，编纂理论支持相对缺乏。因此，无论是理论还是辞书编纂都还有深入发展和大幅提升的空间。在电子词典、在线词典方面，研究还比较零散，覆盖面狭窄，主要针对词典设计或信息呈现模式给予一点尝试性建议，相关研究还停留在引介国外专科词典或在线专科词典理论的阶段，研究性论文在体量规模甚小的专科词典研究中仅占据较小比例，此外，研究尚未涉及专科词典使用过程中用户术语词条检索问题。由于缺乏有利的理论指导，国内汉外、外汉专科辞书经常通过借助国外理论来进行研究。然而，专科辞书是否可以遵照外来理论进行编纂？汉外专科词典，以汉语为词条，汉语言在语义边界上具有模糊性，直接借用外来辞书研究理论是否科学？本书以汉外专科词典为例，尝试解答这些问题并提出合理可行的解决方案。

2.2 专科词典的分类

辞书学界过去曾尝试建立一个更全面、更为有效的辞书分类标准。例如，古斯塔（Zgusta，1971）、玛尔奇尔（Malkiel，1975）、卡西米（Kasimi，1997）等都进行过相关探索，但是对专科词典的分类探索却几乎没有涉及（尼尔森，Nielsen，1994）。国内根据不同研究视角，也对专科词典进行了划分，例如，雍和明（2007）和赵彦春（2003）都分别从交际角度和认知角度对词典进行了分类。但是专门针对专科词典的分类则十分罕见。基于本书针对的是双语专科词典，也因为词典分类是关系词典编纂和确定词典收录的最基本条件，因此在本小节将对专科词典的分类进行一番梳理。同时，考虑到本书聚焦双语专科词典的词条，因此有必要对现有专科词典的分类进行一番梳理。

2.2.1 杨祖希和徐庆凯的分类

国内最早关于专科词典的分类可参见杨祖希的研究——《工具书的类型》（杨祖希，1987；杨祖希，1991）以及国内第一部专科词典学专著（杨祖希，1991），其中提出了以下分类模式。

2.2.1.1 按词典所涉及的学科分类

这种分类方法与哈特曼（Hartmann）关于"真实知识"的分类一样，但是杨祖希、徐庆凯的分类更加体现词典所涉及到的学科。例如，《苏联百科词典》和《现代科学技术知识词典》或者涉及单一学科的词典，例如，《哲学词典》和《中国历史大辞典》。

2.2.1.2 按属性进行分类

（1）学科词典：指的是收录特定学科术语和专有名词为词条，并提供其定义的词典，如《土木工程大词典》和《化学词典》等。

（2）术语词典：指的是只收录术语为词条的词典，例如《现代汉语新词语词典》和《文学术语词典》等。

（3）专有名词词典：指的是专门收录特定专业领域人名、地名、书名、机构名称的词典。

（4）人名词典：指的是收录某一专门领域或者学科名、人名的词典，例如《名人录》等。

这种词典分类方法没有考虑到词典涉及的语言问题，同时混淆了专有名词词典与人名词典。杨祖希、徐庆凯二人主张专科词典中应当收录术语以及涉及的学科专有名词（徐庆凯，2011），但是他们的词典分类方法将二者完全分开。同时，杨祖希、徐庆凯的分类针对的是四十年前的辞书分类，当时信息技术还不发达，因此在线词典也没有被包括在这种分类当中，可见，这种分类方法并不适用于当下的双语专科词典。

徐庆凯对专科词典的分类承袭了杨祖希的分类方法，并且主张杨祖希的分类法是根据专科词典所涉及的语言（单语词典、双语词典和多语词典），词典的体积大小（大型词典、中型词典和小型词典），以及词典的出版方式（纸质词典、电子词典和在线词典）来进行的分类，但是这样的分类方法也适用于普通语文词典，并非专科词典所独有（徐庆凯，2011）。

2.2.2 孙迎春的分类

孙迎春（2008）基于四个原则对专科词典进行了分类，有现象分类法、表述（或构造）分类法、功能分类法和语言分类法。这些分类大体上是按照哈特曼和詹姆斯（James）的分类，具体情况如下。

（1）现象分类法的分类依据是词典的容量和收录的内容。

（2）表述（或构造）分类法的分类依据是词条如何排列，是按照字母顺序还是按类别（同义词词典）。

（3）功能分类法的分类依据是词典所能提供的信息。

（4）语言分类法的分类依据是词典所涉及的语言：是单语专科词典、双语专科词典，还是多语专科词典。

这种分类遵循了哈特曼和詹姆斯对普通语文词典的分类，而非专科词典独有的分类。二者虽都为词典，但在收录、词条排列方面有很大不同，功能也不同，普通语文词典关注的是语言的准确使用，专科词典则更侧重专业知识信息的呈现。

2.2.3 黄忠廉和李亚舒的分类

黄忠廉和李亚舒（2009）按照杨祖希和徐庆凯对专科词典的分类，根据专科词典所涉及的专门领域学科将词典进一步分为百科词典、多学科专科词典和单学科专科词典、专有名词词典和缩略词词典。这样的分类显然源自杨祖希和徐庆凯将专科词典看作"专门学科"词典的看法，杨祖希、徐庆凯主张专科词典应将专门领域的术语和该领域的专有名词（徐庆凯，2011；杨祖希、徐庆凯，1991）收录其中。黄忠廉和李亚舒则将杨祖希、徐庆凯二人对专科词典的划分进一步细化为术语词典、专有名词词典和缩略词词典。

2.3 关于汉英双语专科词典检索的问题

截至 2023 年 7 月，国内针对专科词典用户使用词典的研究较少。在普通语文词典的研究中，有部分学者使用实证的方法对用户需求进行了研究（东野友纪，Tono，2001，2011；聂西，Nesi，2002；陈玉珍，2010，2013；罗思明、王军，2003；胡文飞、章宜华，2011 等）。针对专科类词典、双语专科词典、普通专科词典的用户研究则凤毛麟角。

我们已经解释过专科词典和普通语文词典在语言特征和所收录的信息方面存在不同，所面向的用户也不同。尽管普通语文词典的研究对专科词典的研究可能带来一定的启示，但是专科词典和普通语文词典在词条收录上大不同。普通语文词典中收录的汉语词条经常以单个汉字为词目，下设其搭配的词条，用户可以通过查询某个汉字来获取其搭配。在普通语文词典中，用户可以随意查询任何自己不熟悉的生词。但是双语专科词典中收录的词条经常是由多个词组成的复合词组，甚至是语篇。要实现成功查词，词典用户首先要准确地识别出文内术语。然而，正如功能词典学派尼尔森（2010）指出的，词典用户可能不了解哪些是术语，哪些不是。根据交际术语学理论的主张，术语在不同使用情境中和使用者间存在变体。换言之，在差异化的语境中，词典用户所查找的术语也存在差别。在词典使用情境中，在大部分情况下用户都要先从文本中识别出术语词汇，这是查词的第一步，也是最重要的一步，然后用词典来查所识别出的词汇。查词的第一步需要用户识别的文内词汇能够匹配专科词典所收录的词汇，否则会导致查词错误或者出现词典使用者与编纂人之间的矛盾——使用者认为词典收词量过小，而编纂人则认为用户所查的词并非专科词典该收录的词汇，甚至将用户查词失败归因于用户不会查词。

专科词典收录的词条，除了术语、专有名词和缩略词以外，还有一些其他词汇，例如能够体现专门领域知识的隐喻、转喻的词汇等（尼尔森，2010；桑切斯，Sánchez，2012），除此之外还有专门领域的术语变体（弗蕾西亚，Frexia，2006）。对于专门领域的从业专业人士而言，可以娴熟地识别术语词汇，但对于译者而言，他们要处理的是关于专门领域知识的文件，他们不可能对专门领域的知识都了然于心，因此识别不出术语词汇的情况也是存在的。针对这一问题本书的第四章进行了实证研究，进一步解释用户的术语识别能力，以及用户在此术语识别能力之下，对词典词条检索策略存在何种诉求；反过来，词典编纂者又需要做怎样的检索安排才能够帮助不同用户使用词典，满足他们多样化获取信息的需求。

2.4 本章小结

2.4.1 专科词典研究的贡献与问题

在本章节中，我们对国内过去四十多年专科辞书发展的历程进行了回顾。尽管我们在专科辞书编纂实践上已经取得了不小的成就，但理论研究还十分落后。专科词典关于词条检索问题的研究直至2023年仍未被开发。

国内专科辞书界在经历过去几十年将专科词典大规模地编纂成术语表之后，有学者（文军，1995；赵连振、耿云冬，2015）提出要把网络技术融入到词典检索当中，以追随国际专科辞书发展的步伐。随着进入网络时代，词典用户的外语水平相比过去有很大提升，对专门领域知识的掌握程度有极大提高，用户使用词典的需求与目标也必定发生变化，传统术语对照表模式的专科词典能否满足词典用户的使用需求？因此我们认为，当下对词典用户的再研究显得尤为必要。

2.4.2 词典分类的问题

杨祖希（1985）认为词典分类是词典学研究最基础的工作。与词典分类结果密切相关的是词典收录的信息，哪些内容应该被收录到词典中。本书通过词典的分类来确定土木工程双语专科词典该收录哪些词条。王毅成（2002）指出，词条收录是专科词典中最难的问题，其根源是词典的分类。徐庆凯（2011）将专科词典定义为提供特定领域术语和专有名词的词典。黄忠廉（2009）建议将缩略词也一并收录到专科词典中。尽管专家们对专科词典的收录提出了不同建议，但是在专科词典分类上，他们常常会把专科词典分为术语词典、专有名词词典和缩略语词典。这样分类显然与专家们的建议自相矛盾，也不科学。

由于专科词典分类目前还缺乏比较统一的标准，这直接导致专科词典在词条收录问题上遵循不同的标准。最终，词典用户手上使用的各类专科词典收词情况也会有差别，进而间接影响了词典用户对专科词典中能够查到什么词，应该可以查到什么词的认知，也影响了他们对专科词典的使用感和认同感。

2.4.3　词条检索问题

我们在第一章曾简要介绍过本书的理论基础是术语学和功能词典学理论的用户研究。两个理论在一定程度上都致力于专科词典的研究，但二者侧重点不同。术语学侧重于术语知识的呈现，功能词典学则侧重词典使用的情境，二者在很多方面可以互补。然而，从文献综述发现，针对专科词典通过词条检索来获取信息检索模式的研究，目前尚未有文献涉及。

汉语术语的特殊构成加上汉语词素组合的灵活性特点，使得普通词典用户对文内术语词条很可能存在不能准确识别术语的问题，本书尝试通过实证研究来发现用户识别术语的能力与词典所收录术语词条的矛盾，以及因此而产生词典查询失败的问题。

2.4.4　"洋理论"对编纂汉外专科词典的适用性

前文已经提到汉外专科词典用户经常要先识别文内术语词条并通过所识别的词条来检索相关信息，而由于汉语语义边界模糊的特征使得词典编纂者们不得不考虑用户词条识别能力和他们对准确词条的需求。关于汉语语义的特征及其对用户识别术语的准确性可能会带来的影响，已经在第一章中有提到，第六章将会对此问题进行深入探究。

不论在专科词典编纂，还是理论研究方面，英语国家的相关研究目前还都处在领先地位，这些研究对英语专科词典编纂也有重要的启示作用，而国内关于专科词典的研究体量较小，对词条的研究更是凤毛麟角。那么，国内双语词典研究能否完全照搬"洋理论"？英语语言视域下的专科词典理论是体现英语语言特点的理论，它们能否为我国专科词典编纂提供启示？英语国家专科词典的编纂实践是否能直接被复制到汉语专科辞书编纂当中？这些也都是本书需要解决的问题。

2.4.5　哪些该成为双语专科词典的词条

哪些词该被收录为双语专科词典的词条？目前国内编纂的双语专科词典最常见的是将专业术语和专有名词收录为词条，这样收录的词条能够满足用户查词的需要吗？马力诺维斯基（Malinowski，1923）曾经提出过情境语境（context of situation）的主张，认为语言使用者的语言交流是在语言使用情境之下进行的（舒尔茨，Schulze，2010）。奥斯汀（1975）提出语言产出者用话语来行事。专门领域从宏观角度来看，即是在专门领域，用专业话语做专业的事情。肯尼斯（Kenneth，2006）主张使用在专业语篇中的话语可以展现专门领域人员的理念和价值。肯尼斯所指的专业理念和价值属于专门领域，与普通领域不同。笔者认为用于表达专门领域和普通领域专业理念和价值的语言不同。桑切斯（2012）认为专门领域有其独有的隐喻和转喻。然而事实是否如此，或者这只是学者的假设？这些问题会在第五章和第七两章中进行讨论。

2.4.6 关于双语专科词典词条检索的尝试性建议

若以功能词典学派的主张或者术语学理论来看待专科词典词条问题，那么我们必须考虑一个问题——用户需要什么，如何将用户所需通过正确的词条信息传递给用户。用户需求的内容不是辞书编纂人所认为的内容，而是词典用户真正的诉求。本书中所提到的"用户需要"不是要重新创立一个术语，而是对用户需求的分析从辞书编纂转向用户本身，基于词典的实际使用情况来探究用户所需。关于立足用户实际使用词典情况的研究，洪布雷、埃金斯（Hulstijn and Atkins，1998）、多勒扎尔、麦克利里（Dolezal and McCreary，1999）、路福斯卢（Lew Rufus，2004）、塔普（2009）、弗埃德斯·奥利维拉（Fueters-Olivera）、塔普（2014）等学者研究发现，字典用户数量庞大，很难找到有代表性的用户，因此实证研究不适合作为研究词典用户的手段，但实证研究也得到学界不少支持，例如，袁琼（Chon Yuah，2009）、多洛舍夫斯基（Lew and Doroszewska，2009）、路福斯卢（2010）以及陈玉珍（2010）等学者的支持。同时，实证研究也是科学研究的一种常见的手段。当然，作为研究手段，我们要尽可能设计出合理的、科学的研究流程，减少影响结果准确性的因素，保证研究结果的准确性。在接下来的内容中，我们将聚焦用户在词典实际使用中可能会遇到的问题，同时为优化汉英双语专科词典词条检索模式提供尝试性参考意见。

李宇明（2008）提出辞书强国的三大标准：国内编纂的辞书在国际市场上要有较高占有率；要有世界领域的经典样本；要有引领学术的理论和观点。我国辞书编纂在数量上可能超过了世界上大部分国家，但还属于粗放型增长，国内的辞书理论研究，特别是针对专科辞书的研究还远远落后于国际上同主题的研究。要达到辞书强国的标准，我国辞书界还有很长的路要走。

　　第三章将建立关于汉外词典词条检索研究的理论框架，涉及的理论是交际术语学和功能词典学。交际术语学立足于交际提出术语在不同交际情境中和不同使用者中存在变体，关注的是术语的呈现；功能词典学理论关注的则是词典使用的具体情境，我们将根据两个理论所关注的两个不同方面来建构研究模型，以进一步发现用户对在特定的词典使用情景中的术语识别情况。

第三章　研究模型

术语学和功能词典学是专科词典研究的两大主要理论体系。术语学理论把编纂术语词典看作术语学研究的目标之一；在功能词典学派视域之下，词典学不属于应用语言学研究，而是独立的研究方向（弗埃德斯·奥利维拉、塔普，2014；塔普，2009，2008；伯根霍茨、塔普，2008）。专科词典与术语词典之间不存在明确的分界线（伯根霍茨、尼尔森，2006；弗埃德斯·奥利维拉，2014），专科词典与术语词典在编纂实践中可以被视为同类事物，只是前者从词典功能视角进行研究，而后者则从术语视角进行研究（法蒂，Fathi，2014）。

3.1　术语学的研究视角

术语学按发展历程可以分为两个阶段：规定和描写。普通术语学就是典型的规定术语学派。普通术语学认为术语是单义的，双语专科术语词典的任务就是为一种语言的术语提供另一种语言的对应词。在普通术语学的视域下，词汇被简单地二元区分成了术语与非术语。描写术语学派则主张术语在不同语言、社会、交际情境中以及不同使用者中存在变体，词汇不能简单地二元区分为术语和非术语。

3.1.1 普通术语学

普通术语学被认为是术语学最早的理论，由维斯特创立，这一理论主要关注术语信息的描写和术语汇编，意在实现科学语言的标准化（卡布蕾，1999，2003；费伯 等，2012）。该领域服务的对象是专门领域的专家，其研究目标就是为了消除沟通的歧义，让用户使用标准化的术语（卡布蕾，2003）。维斯特理论的追随者帕瓦与诺力特（Pavel and Nolet, 2001）认为标准化的目的是将术语与普通词汇区分开来，术语标准化是术语研究的重要组成部分。卡布蕾（1999）认为术语学的应用研究涵盖了专门领域交流、术语翻译和术语规划，术语标准化属于术语规划的内容。她还提出术语标准化的工作是十分重要且不容忽视的，因为术语标准化工作与国家语言政策的关系十分紧密。

普通术语学研究始于 20 世纪 30 年代（叶其松，2007；吴丽坤，2009）。当时人类的活动范围比现在小，当时的专门领域相对封闭，而且信息交流速度也相对较慢。该学派定义了什么是术语，认为词汇只有二元划分，原因在于当时从事专业领域工作的人基本上都是行业的专家，为方便专业人士之间沟通，通过术语标准化来建立一套统一、规范的术语体系是十分必要的，因此当时专科词典全部都是按术语表的形式来编纂的。而随着人类活动范围的扩大和科普活动的不断普及，越来越多非专业人士参与到专业领域交流中，专业领域交流发生了变化，不再像20世纪30年代那样是专属于专家之间的交流，除了专业人士、译者/员、专业领域知识的学习者也都参与进来。术语也逐渐被非专业人士使用，出现在翻译、技术写作和技术交流等活动当中，同一指称在不同交际情境使用不同表述的现象也越来越普遍。

20世纪90年代，术语学研究随着社会的发展被放置在更广阔的空间，出现社会、交际和语言学视角术语研究（勒姆 等，2003）。随后出现社会术语学研究（博朗戈，1991；戈丹，1993，2003），交际术语学研究（卡布蕾，1999，2000，2003，2006）和社会认知术语学研究（特默曼，1997，2000，2003；费伯，2012）。

3.1.2 社会术语学

戈丹（1993）创立了社会术语学研究，将社会语言学理论运用到术语学研究当中，以解释术语在不同使用情境中的变体。皮赫拉（Pihkala，2001）指出社会术语学关注的是专门领域语言交流中社会和情境的层面，这两个因素可能影响专家之间的交流，进而产生术语变体。

该领域研究为术语的描写研究开启了大门（费伯 等，2012）。理论主张术语的一词多义现象存在于术语领域。术语会随着使用情境的差别出现变体。该领域研究关注更多的是术语的不同形式，而非术语使用者。

3.1.3 交际术语学

交际术语学理论是由卡布蕾及其学术追随者们提出的。交际术语学理论主张术语存在多义现象，在不同交际情境当中术语的形态是灵活多变的。术语使用情境决定了术语的形式。卡布蕾（2003）同时也强调专门领域的知识是多维的，有认知维度、语言维度和社会交际维度。可以说，术语也像普通词汇一样，可以被不同使用者使用在不同情境中来表达特定的含义。认知、句法、语用共同作用形成了它们在专门领域的明确含义（费伯 等，2012）。

交际术语学从交际视角来看待术语单元，"语境"在交际术语学视域下是指术语的使用，即语用视角。因此术语、语境和术语使用者之间的关系是动态的。交际术语学是对先前术语学理论的深化。尽管交际术语学提出不同交际情境存在术语变体，术语的使用受到了认知、句法、语用以及交际的影响，术语跟普通词汇一样是多义的，可以使用在不同领域内，同一领域内也存在同一指称多种术语表述的形式。然而，交际术语学没有深入探究不同用户在同一领域术语能力有何不同，无法为术语词典的编纂提供用户视角。

3.1.4 社会认知术语学

特默曼（1997，2000）受到认知语言学的启发创立了社会认知术语学。该理论研究关注的是人类对于术语作为专门领域语言的认知层面，以及术语在更大交际情境受到口头/书面、特定交际场景和认知情境影响而存在的变体（特默曼、克雷曼、范德沃特，Temmerman, Kerremans and Vandervoort, 2005）。在这一点上，社会认知术语学与戈丹的社会术语学和卡布蕾的交际术语学看法一致。特默曼（2000）主张在其理论框架内，术语具有以下特征。

（1）不能将语言与概念剥离，因为语言对范畴的形成起到重要作用。

（2）许多范畴之间的界限不明，无法进行明确的属类划分。

（3）好的定义结构和类型不应受限于某个模型，而要根据概念特点采用不同的表述。

（4）专门领域的术语经常存在多义词和同义词现象，在任何术语分析和研究当中都要考虑这一现象。

（5）范畴、概念以及术语随着时间推移而不断演变，要从历时的角度来研究它们。由此可知，认知模式对新思想的产生具有重要作用。

特默曼和克雷曼（2003）认为社会认知术语学实际上与其他描写术语学派一脉相承，以术语研究为基础，但不太关注用户研究。研究主张概念的描述方式取决于文本作者和读者之间的知识水平差异。社会认知术语学理论主要关注术语间的关系和术语本体知识，根据该理论编纂的术语辞书被称为术语本体词典（Termonography），融术语学、知识本体论和术语词典于一体。该学派的目标是将术语本体研究与多语种术语知识信息联系起来，将术语本体知识融入到术语资源当中（费伯 等，2012）。

3.1.5 框架术语学

框架术语学是术语学研究较新的一个分支，立足于术语的认知维度（费伯，2012）。框架术语学与交际术语学和社会认知术语学有一定的共同前提。框架术语学认为不可能也没有必要进行术语和普通词汇的划分，了解专门领域知识单元的最好方法就是了解它如何出现在不同情境当中（费伯，2012）。

框架术语学整合了框架语义学的基本理论，主要关注：概念结构；术语单元的多维性；从多语语料库当中提取术语相关的语义和句法结构信息。框架术语学派还开发了关于环境科学的知识数据库，是一个在线词典（http://ecolexion.ugr.es）（费伯，2012）。与其他描写术语学派一样，框架术语学派也强调术语的特征和使用情境。但是，框架术语学更关注的是术语本身，其理论基础是框架语义学，研究聚焦术语的认知层面，对术语使用者的研究甚少，没有涉及词典用户查询术语的需求，换言之，缺乏辞书研究的用户研究视角。

综上所述，通过对术语学派的梳理，我们不难发现，术语学虽然也主张词典编纂，但更关注术语在不同使用情境当中的呈现形态，尽管不少术语学理论也都提到了术语使用者，但缺乏使用者对术语使用具体情境的描述。

3.2　功能词典学

词典的功能学派又称功能词典学，由丹麦奥胡斯大学（Aarhus University）专科词典研究中心创立，该学派认为词典学是一门独立的学科。功能词典学最先关注的是词典功能划分，后又开始深入研究词典用户、与用户查词相关的使用特征、用户对词典的信息需求，并以此作为主要研究方向（弗埃德斯·奥利维拉、塔普，2014）。

3.2.1　用户情况研究

针对专科词典用户的情况，功能词典学派给出了以下详细内容（弗埃德斯·奥利维拉、塔普，2014）。

（1）词典用户的母语或者第一语言是什么。

（2）词典用户的母语熟练程度。

（3）词典用户学习母语或者第一语言的方法。

（4）词典用户使用第二、三语言的熟练程度。

（5）词典用户学习第二、三语言的方法。

（6）词典用户的文化和百科知识水平。

（7）词典用户曾经从事过哪些语种之间的翻译。

（8）词典用户专门领域知识水平，是非专业人士、半专业还是专家。

（9）词典用户对特定文化中所设置的专业学科知识在两种不同语言间的差异了解程度。

（10）词典用户对专门领域语言的熟练程度。

（11）词典用户曾经从事过哪些专门领域的翻译。

3.2.2　词典用户的查词特点

用户究竟如何查词，有哪些查词习惯会影响词典的使用。用户查词的特点要考虑以下情形。

（1）词典用户视听能力，是否存在特定的身体残疾，进而导致辞书使用的失败？

（2）词典用户使用词典的环境，有没有电源和灯光？

（3）词典用户能够通过特定设备使用网络服务吗？

（4）词典用户能够区分左和右吗？

词典用户需要专业知识信息的情形。

（1）当用户需要查询信息作为背景知识记忆下来，并用以撰写关于某一专门领域文章的时候。

（2）当用户需要信息知识来理解，或解释一个特定的现象、标记、符号、文本等的时候。

（3）当用户需要信息知识，用以进行身体、精神或语言行为的时候（弗埃德斯·奥利维拉、塔普，2014）。

3.2.3　基于用户特定需求的词典功能

词典功能是基于具体的专业信息需求。这些需求会发生在以下情境当中。

（1）交际情境（文本产出、文本理解、文本翻译等）。

（2）认知情境（当用户需要专业信息用于理解特定的现象、标记、符号、文本等的时候）。

（3）操作情境（当词典用户需要专业信息来进行身体、精神和语言等活动的时候）。

（4）解释情境（当用户需要专业信息用于解释特定的现象、标记、符号、文本等的时候）。

专科词典应具有交际、解释、操作和认知四大功能（弗埃德斯·奥利维拉、塔普，2014）。

3.2.4　小结

基于用户需求分析，功能词典学派总结出专科词典编纂需要考虑以下六个方面。

（1）任何类型的词典用户都具有该类型用户独有的词典使用/需求特征。

（2）确定用户背景时，例如，预测用户的类型，应注意词典针对何种使用情境以决定用户的词典使用特征。

（3）词典用户使用情境决定用户在该情境中的词典查询需求。

（4）规划词典具体内容时，应考虑到用户背景决定了用户的词典查询需求。

（5）词典用户类型决定专科词典中需要收录哪些数据资料。

（6）词典用户背景决定词典收录的数据资料以何种形式呈现（弗埃德斯·奥利维拉、塔普，2014）。

以上六点可以进一步归纳为用户专门领域知识水平、语言能力、词典的功能以及词典的实际使用。

通过以上对术语学理论以及功能词典学派相关主张的梳理，我们可以得出：术语词典是按照术语理论框架编写的术语产品，术语理论虽然也涉及术语用户，但是其主要任务在于术语指称在不同语境中的形态；功能词典学派更关注词典用户以及词典使用的情境，但是忽略了术语变体的问题。

术语学主要关注术语信息的呈现问题，功能词典学则更关注用户研究，那么对产出一个专门领域的语篇，只需要专科词典为用户提供准确的词条就够了吗？答案是否定的。如果答案是肯定的，那么技术翻译在很大程度上可以由具有术语存储功能的翻译机器来完成，但现实情况又并非如此。实际上，专门领域语言体现的是人类对专门领域知识的体验，这种体验针对的是专门领域，其中包括专门领域的隐喻、转喻、体现专门领域知识和经验的表述等，这些表述不会完全与人们在日常生活领域所使用的词汇相同，但正是这些表达构成了专门领域的文本（桑切斯 等，2012）。在专门领域当中，人们描述关于专门领域的内容，需要用专门领域独有表述方式，这也意味着要在许多同义词之间，特定的隐喻、转喻、固定表述之间选择出最符合语境和文本专业度的表达。单纯提供术语就不足以帮助用户来处理专业文本。换言之，术语学主要关注术语信息的呈现，而专门领域的内容不仅包括术语，还有其他，单纯从术语学理论进行专科词典用户研究显然不够充分；而功能词典学关注的重点在于用户在特定情境之下的词典使用需求，缺乏关于术语在不同情境中的呈现形态的论述，单纯从功能词典学进行用户研究也不够充分。鉴于专科词典使用涉及了用户的翻译水平，专门领域的知识水平、文本中的术语变体，因此本书的第四章将针对不同翻译水平、专业知识水平的用户及其对汉外专科词典需求进行背景调查。

  术语的指称是客观的，但是词典用户在识别术语时常常是主观的。他们很可能会将自己不熟悉的词汇都识别成术语。我们认为术语是包含知识信息并且以知识信息为基础的。韩礼德（Halliday，1993）把术语看作"信息包"。在专门领域的文本当中，哪些是信息包，哪些不是，完全凭阅读者的直觉。由此产生读者或者译者是否应该先具备一定专业知识再来阅读或者翻译的问题。而且无法明确阅读专业领域文献或者从事专门领域翻译工作需要多少专业领域的知识。实际情况是，大部分人是一边阅读或翻译，一边学习专门领域的知识，因此让用户具备一定专门领域知识，或者学习一些词典学或者术语学相关知识后再来使用词典是不切实际的。本书认为词典用户对文内术语的识别会存在不准确的问题，并最终会影响到词典查词。在本书中，我们聚焦的是汉外专科词典中的词条问题，将通过假设—实证—验证的模式来探究不同用户背景、不同语篇类型如何影响用户对文内术语的识别，同时基于用户针对文内术语识别存在的问题为优化汉英专科词典检索策略提供参考。

3.3 术语学与功能词典学的整合

术语学理论和功能词典学理论都针对专科词典研究，但研究的角度不同。二者在专科词典研究上可以有效互补。在术语学理论当中，交际术语学立足于交际视角，主张术语的使用受语境的影响，人们并非都使用完全标准化的术语，指出术语受到了术语使用者专门领域知识水平、语言水平等的影响，其关注的是术语信息的呈现。这些与本书尝试发现不同词典用户在不同专业度文本中识别术语的目标不谋而合，因此在术语学理论方面，本书选择用交际术语学的主张来讨论术语的变体。功能词典学理论则立足于对词典功能的划分，明确了词典使用情境与不同词典功能之下用户对词典的使用，关注的是对词典用户的研究。鉴于两个理论互补性强，因此本书将二者进行整合，作为此研究的理论模型。如图 3.1 和图 3.2 所示，它们分别列出了两个学派理论关于专科词典使用的模型。

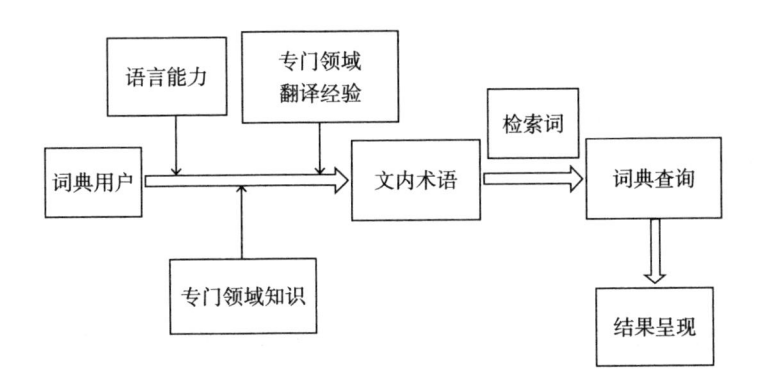

图 3.1 交际术语学视域下用户查词模型

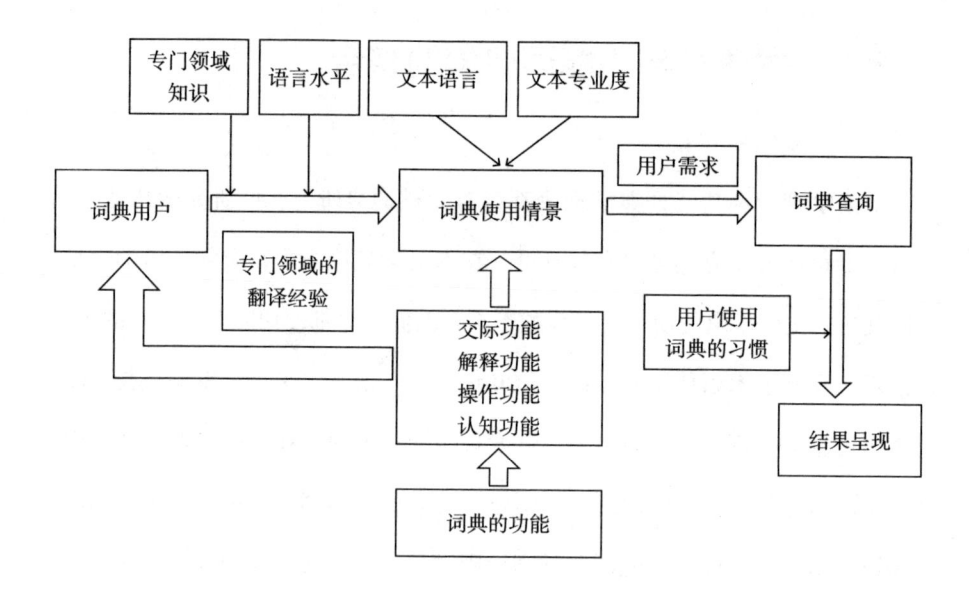

图 3.2　功能词典学视域下用户查词模型

　　交际术语学关注不同用户使用术语的情况，主张不同使用者在同一情境中所使用的术语可能存在差异。考虑到用户需要先识别术语后再进行词典查询，而用户对术语的认知不尽相同，在识别文内术语问题上自然会存在差别，会使用不同检索词来进行词典查询。而功能词典学理论关注用户需求研究，指出用户需求受到用户语言水平、专门领域知识、翻译经验、文本的语言特征、文本专业度的影响。由此，不难发现当不同用户希望通过词典查词并借以专业地完成自己的任务之时，他们期望词典给予自身的查找帮助是不同的。能够识别得出准确文内术语的用户希望词典能够直接给出对应信息；不能从文内识别出准确术语的用户则希望能够借助词典查询来找到准确的术语及其对应信息。用户在词典使用上会存在自身术语识别与词典收录术语差异的矛盾，这种矛盾会导致词典查询的失败。例如，词典用户需要专业术语的情境是翻译专业文本，用户希望自己翻译出来的文本达到专业水平，但是受到自身在专门领域知识的限制，所识别的文内术语可能不是术语、也可能是部分术语，这样一来，词典用户不一定可以实现使自己译文达到专业水平的目标。因此，关于用户本身的研究，我们将遵从功能词典学派的主张；而关于术语在不同使用者之间的差异研究，我们将遵从交际术语学的相关主张。

3.4 词典用户研究

关于词典使用的研究可以分为两大派系，一派是激进地要求提升辞书编纂水平，满足用户的使用需求，另一派系则是激进地要求提升用户的词典使用能力（埃金斯、瓦朗托拉，Atkins and Varantola，1997；卡利奥库西、瓦朗托拉，Kalliokuusi and Varantola，1998；路福斯卢、贾拉斯，Lew Rufus and Galas，2008；贝约，Béjoint，2010）。从提升词典用户的使用能力角度来看，专科词典用户要查对词，就必须具备有一定的文内术语识别能力和词典使用技巧；从提升词典编纂水平角度来看，应该是基于用户对文内术语识别或术语认知能力来有针对性地编纂词典以帮助用户。要研究汉外专科词典究竟该如何帮助用户，我们要弄清楚用户在处理不同专业度文本时需要哪些帮助。鉴于本书针对的是汉英双语专科词典的检索策略问题，并且以土木工程专业为例，在接下来的研究中，将针对词典用户对专门领域文内词汇识别能力进行探索，同时研究影响词典用户对专门领域文内词汇识别能力的因素。东野有纪（2001）和桑姆

（Thumb，2004）指出语言的不同也会导致词典编纂和用户使用词典习惯的差异。语言特点、专门领域知识和使用普通语文词典的习惯三个因素在很大程度上影响词典用户对文内术语的识别，也对影响用户术语使用的因素——用户的语言能力、从业经验和文本专业度进行研究。

关于词典用户研究的方法主要有两种，一是基于实证研究的方法，二是基于词典学家的反思。功能词典学派认为实证研究无法得出词典用户真正的需求（弗埃德斯·奥利维拉、塔普，2014）。路福斯卢（2011）指出实证研究固然存在缺陷，但是随着实证研究策略的提升，越来越多针对用户需求的实证研究被辞书学界接受。事实上，实证研究已经被广泛应用到了科学领域，并且已经证实其是科学的、可行的。我们反对不科学的实证方法，但是不代表所有实证研究就是不科学而要被否定的。通过实证研究我们可以得到关于词典用户的最真实的一手资料，用户需要什么，词典该如何改进。本书第四章将遵循科学的实证研究方法，根据交际术语学与功能词典学相整合的研究模型先对用户的基本情况进行问卷调查，根据问卷调查形成假设性结论；第五章将在第四章的基础上对用户识别文内术语的情况进行实证研究以验证第四章所得出的假设性结论。

3.4.1 用户需要

用户需求研究是词典学研究的一个重要方向，用户需求的研究也经常是词典学家根据经验认定的用户需要什么，词典就相应地编入什么，这样的结果可能会导致词典为用户提供的信息大大超过用户所需信息，用户需要在检索得到的信息中二次检索，以获得自己所需信息，也就是功能词典学派提出的"信息过量"的问题（伯根霍尔茨、柏特马，Bergenholtz and Bothma，2011；弗埃德斯·奥利维拉、塔普，2014；塔普、古斯，Tarp and Gouws，2016），有时候用户甚至还检索不到所需的信息。

本书所提到的"用户需要"并非完全不同于与传统的"用户需求"。二者从宏观上看是表达同一概念，都是为了收集词典用户需求什么。本书所指的"用户需要"是发掘用户所未知的需求，例如，在汉译英工作当中，用户的最终目标是要保证译文的专业性和准确性，因此需要识别出准确术语，从词典中找到正确的英语对应词，用户所需不是自己提供的术语对应词，而是正确术语的对应词。这正是本书所认为的"用户需求"之"用户需要"。提供给用户他们真正需要的信息才是词典用户的查词目的，这也意味着"用户需求"应当从更大程度上注重词典用户在具体词典使用情境中的查词需要，弄清楚用户查词的真正目的，明确用户所检索信息与真实信息间的差距。

本书关于"用户需要"的主张绝不是要混淆当下辞书界的"用户需求"概念。在网络技术不断发展的当下，用户需求信息大爆炸的时代，随着在线词典逐渐替代纸质词典，检索技术也更加成熟，词典检索功能可以得到更大程度的优化，通过用户检索词来发掘用户的真正所需。从词典词条检索模式来看，这意味着词典可以纠正词典用户在特定情境当中的错误检索词，为用户提供其真正所需的信息。换言之，用户需求不能停留在我们认为用户需要什么，而是了解用户实际需要什么。从词条检索角度来看，用户用检索词来查找对应信息，这只是用户表面需求；用户深层次需求在于验证他们提供的检索词是否为专门领域词汇，如果是，那么对应词是什么，如何与其他词汇一同使用在专门领域文本中。如果不是，正确的词汇是什么，对应词又是什么，该如何使用。这些才是词典用户查词的真正需要。

"用户需要"和"用户需求"的差别在哪些方面？笔者认为，"用户需要"和"用户需求"可以通过对二者的观察角度来看。在词典使用的真实环境中，后者是根据用户检索词来判定，前者则是基于用户检索词进行用户需要用这个词来干什么的判断。为什么要提出"用户需要"这一概念？除了上文提到的网络技术发展让深入发掘用户所需变成可能以外，重要的是，作为非专门领域专业人士的译者，专门领域的学生等，他们能不能在文内真正识别出准确术语。我们通过前文已经从汉语言语义边界模糊的特性、用户以往长期使用普通语文词典对专科词典查词的影响、专门领域部分知识对普通词典用户而言相对陌生三个方面形成了我们的研究假设：普通译者、专门领域的学生要从文内识别出准确术语是存在困难的，换言之，这些词典用户存在术语识别错误，而运用错误的检索词进行词典查询最终得出的结果也必然错误。用户查词的目的不是为了查词，是为了用这个词，从这一点上看，用户可以随心所欲地查词，但查到的词不能够随心所欲地用，那么，作为词典研究者，应当更加关注查词的用途、发掘用户检索词的背后所需，这是本书指出的"用户需要"。"用户需要"针对的是用户检索是为了什么，检索的信息能不能运用到具体的情境当中，如果不能，该如何帮助用户。这些问题都将在接下来4个章节中得到答案。

3.4.2　关于"用户需要"的研究问题

要了解词典用户需要双语专科词典提供什么信息，必须研究一下用户的查词行为。在第一章中，我们谈到汉语言语义边界模糊的特征、用户使用普通语文词典的习惯和专业领域知识特征都会影响用户对术语的识别。此外，文本的专业性、用户的语言水平和翻译经验也都影响着他们识别术语的准确性。简言之，影响因素会构成一个复杂的框架，影响着词典用户与术语有关的操作。

为了研究词典用户究竟需要从双语专科词典中获得哪些帮助，我们须确定词典的功能，用户情况，以及词典使用的情境。确定了词典使用的情境，我们利用不同专业水平的文本对不同专业知识水平、语言水平和翻译能力的用户进行词典查询需求调查，进而发现用户所认为的术语与词典所收录术语之间的差距，从中发现词典用户的真正所需，进而为优化词典检索策略提供有效解决方案。具体如图 3.3 所示，图为关于"用户需要"研究模型的图例。

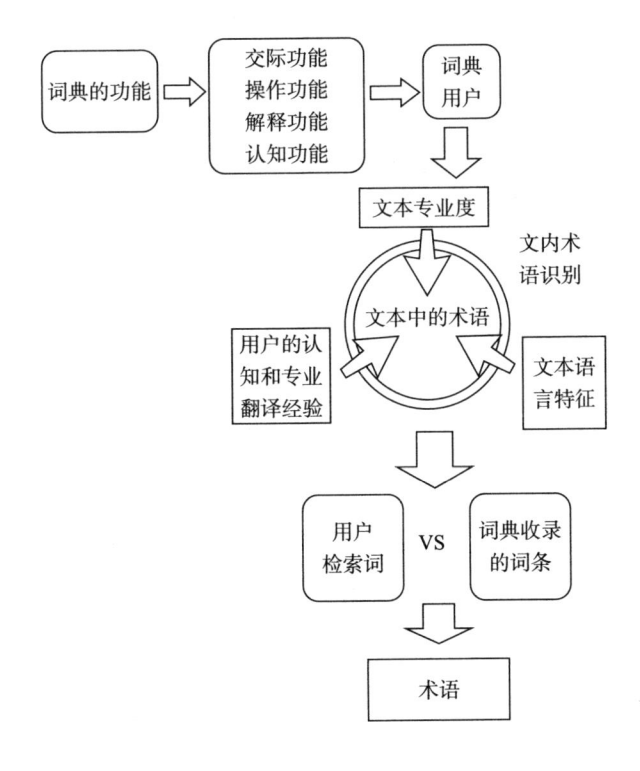

图 3.3 "用户需要"的研究模型图例

根据以上图示，研究用户查询术语词汇的真正需要可以归结为了解用户识别术语与词典所收录术语之间的差异。同时我们在本章节也谈到了文本的专业程度和用户的翻译经验以及专业知识的多寡也会影响用户术语识别。照常理来看，翻译经验越丰富，专业知识越多，对术语识别越准确。但实际情况是否如此？我们将研究问题归纳如下。

（1）用户知道自己真实的术语需求吗？换言之，用户知道自己该查什么词吗？

（2）用户在不同专业水平文本中识别术语的能力存在何种差异？

（3）用户识别出的文内术语与专科词典所收录术语之间的差异？

（4）如何优化汉英双语专科词典的检索策略来帮助用户获得其真正所需？

3.5　本章小结

本章介绍了本书的理论基础，也提出了接下来进行实证研究的研究模型。在这一章节里，我们指出专科词典研究主要有两种理论支持——术语学和功能词典学。两种理论的目标都与专科词典编纂和研究有关，只是关注角度不同，术语学主要关注术语信息的呈现，功能词典学主要关注用户研究，二者互补性很强。在术语学理论中交际术语学强调的是不同情境中的术语差异，符合本书的研究问题。因此本书将交际术语学与功能词典学理论相整合，得出研究模型，运用交际术语学理论来研究术语在不同使用情境中的差异，以及运用功能词典学理论来确定词典功能以及用户的需求。

在下一章节中，我们将设计出一个关于用户情况的问卷和访谈对研究问题进行初步探究。问卷中主要的问题是用户是否理解自己在使用词典时，真正所需的是什么。后续章节将进一步通过实证研究来发现用户对文内术语的识别情况，及其与准确术语之间的差别，在验证问卷与访谈所得出的假设性结论的基础上，更深入地探究用户需要从汉英双语专科词典中获得哪些帮助，最后提出词条检索的优化方案。

第四章　用户调查的问卷研究

在第二、三章两个章节里,我们回顾了双语专科词典在国内的发展,同时也建立了本书的研究模型。在本书的前三章中,我们已将研究的范围限定为:术语变体——术语指称在具体文本语篇中的呈现形态、用户需要——不同专门领域知识层次的词典用户对不同专业度文本内术语识别情况、用户所需与词典收录的差距及其原因和解决方案。本章是关于词典用户使用词典情况的调查。用户调查分为两个部分:第一部分是针对词典用户对专科词典的查询需求以及用户对汉外专科词典的期望(期望从汉外专科词典中获取哪些关于词条检索层面的帮助);第二部分是关于词典用户识别文内术语的实证研究。两个部分各为一节。本章节是下一章节的先导性研究,针对的是用户对专科词典查询需求和用户期望的问卷调查。

4.1 用户调查研究概述

本章设计了一份问卷来调查用户想要从一部理想的汉外专科词典中获得哪些帮助。问卷中的问题全部通过与专业译者和工程专业的研究人员访谈得出。专业译者来自福建省的两个翻译服务企业；研究人员是一些在法国、德国、意大利、西班牙、英国和美国学习土木工程专业的留学博士生。访谈内容主要是针对他们过往使用汉外、外汉专科词典的反思，收集他们对专科词典使用的看法，通过采访初步形成问卷问题，后续我们继续对南昌工程学院外国语学院翻译方向的本科生，福建师范大学、福州大学和厦门大学的翻译硕士研究生进行过预采访，在对几所院校学生进行预采访的基础上再进行内容补充和不断完善，得出现有的问卷。问卷调查的问题涉及翻译和产出英语文章时使用汉英专科词典能否有效帮助到他们，用户汉外、外汉专科词典的拥有率，用户偏好哪一类型的专科词典，用户使用词典的习惯等，所有问题均要求被试基于对过往的反思进行回答。

问卷内容由一个开放性的问题和十道选择题组成。问卷问题根据本书所提到的"用户需要"来设定，目的在于发现四个主要问题：汉外专科词典的功能、汉外专科词典的拥有率、用户使用汉外专科词典的习惯、用户对术语的看法。问卷的所有问题均相关，但打乱了顺序，目的就是为了得到一个最真实的结果。（问卷内容详见附录1）

主要问题的设计是根据第三章中第2、3节得出的关于词典功能的分析——什么情况下使用汉外专科词典？使用哪一类型的汉外专科词典？用户查词是为

了处理哪一类型的文本？用户语言水平和专门领域知识水平如何？（具体参见第五章关于用户水平和文本类型的讨论）

实验被试来自福建省内开设翻译专业本科的院校和翻译硕士研究生学位的院校，分为以下四个级别，每个级别各有 40 人，具体情况如下。

一级：通过英语专业四级考试的翻译专业本科三年级学生，已经接受了一部分专业课教育，也有少量翻译土木工程领域文本的经历。

二级：通过英语专业八级的翻译专业本科四年级学生，已经接受翻译专业所有专业课教育，也有一部分翻译土木工程领域文本的经历。

三级：翻译硕士研究生，完成英语笔译专业一年学习的学生，已经接受一年专业翻译的教育，有一定数量的工程类文本翻译经历。

四级：翻译硕士研究生二年级学生，已经完成了英语笔译专业两年的学习，接受两年专业翻译的教育，已经通过翻译专业资格水平考试并且获得了全国翻译专业资格考试（China Accreditation Test for Translators and Interpreters，简称为 CATTI）二级证书，已经有不少数量工程类文本翻译经历。

除了以上四组被试以外，我们还邀请了从事工程翻译的专业译者、发表过国际期刊论文的土木工程专业博士以及从事土木工程课程教学的教授组成一个专家咨询小组，为本书提供术语咨询（参见第五章第 5.2.3 小节的内容）。

为保证所有参与问卷的被试都能够准确理解问卷中的问题，我们事先集中被试进行一场关于专科辞书相关概念的讲座，帮助他们理解一部分术语，如"专门领域""双语词典""词条""语境""语类"等。问卷填写过程中，有专人在现场提供问题解答和帮助。问卷填写完毕，对问卷内出现答案自相矛盾的被试进行访谈确认，以确保收集的资料的准确性（参见本章的 4.6.2）。此外，问卷结果与专家组的人员进行了讨论，对问卷中出现的异常根据专家过往经验给予解释。专家组的人员尤其专业译者，他们曾经也是翻译的学习者，因此他们对使用专科词典的经验、意见和看法都很有参考价值。

本章节是第五章研究的基础，两个章节共同构成了本书关于"用户需要"的实证调查。两个章节涉及的被试相同，实验结果进行二次筛选后留用（具体参见第五章第 5.2.3 节）。

4.2　双语专科词典的使用情境

针对双语专科词典的使用情境，问卷中专门设计了相关问题。以下是对问卷结果的深入分析。

4.2.1　用户需要查找对应词的情形

4.2.1.1　问题设计

"什么时候需要查询专科词汇？""从何人、何处获得帮助？"本节所涉及的这两个问题均为开放性问答，没有把问题聚焦在汉外专科词典上，目的是得到用户更多、更真实的答案。通过发现用户最需要查找英语对应词的情况来发现一部用户友好型词典要满足用户什么情境下的需求。问题设置成选择题的形式，提供的选项是根据功能学派尼尔森（1995）和塔普（2009）等学者对汉外专科词典的功能——翻译、阅读、写作和出于解惑的信息查询来确定的。问卷中设计出这一问题是为了弄清双语专科词典的功能,以及词典要收录哪些信息才能够实现第三章所提到的汉外专科词典功能。

4.2.1.2 数据分析

根据被试对问题的回答结果做表 4.1 和表 4.2 统计。对表 4.1 和表 4.2 进行具体分析后得出所有用户在进行翻译活动的时候都需要查找对应词。一部分用户在写作的时候需要查词,数据介于 10%~26.67% 之间,用户级别越高,需要双语查词的人数越少。较少用户会利用查找汉外专科词典来了解专门领域知识或者阅读文献,一级和二级被试均有 6.67% 会使用双语词典来阅读文献,也仅有 6.67% 的一级被试会使用汉外专科词典来增长知识。综上所述,对译者而言,使用汉外专科词典的情境是翻译和技术写作。

表 4.1 用户需要查对应词的情形

	阅读文献（人数）	技术写作（人数）	了解专门领域知识（人数）	翻译（人数）
一级	2	8	2	30
二级	2	6	0	30
三级	0	6	0	30
四级	0	3	0	30

注：此处只保留有效问卷,每级被试 30 份,具体筛选方法详见 5.2.3 节与 5.2.5.1 节。后文同理。

表 4.2 各级用户需要查对应词的情形所占比例

	阅读文献	技术写作	了解专门领域知识	翻译
一级	6.67%	26.67%	6.67%	100.00%
二级	6.67%	20.00%	0.00%	100.00%
三级	0.00%	20.00%	0.00%	100.00%
四级	0.00%	10.00 %	0.00%	100.00%

4.2.1.3 讨论

表 4.1 和表 4.2 统计的结果，经过与专家小组讨论，本书认为：用户等级越高，技术写作时查词的情况越少，这是因为三、四级的被试翻译能力更高，专门领域知识储备更多；用户很少使用双语专科词典进行知识补充，主要原因是双语词典只提供双语对应词，信息量不够，无法成为知识补充的渠道（尽管如此，本章节的 4.5.1 却发现与这一解释相反的结果，参见 4.5.1 节）。

总体而言，双语专科词典目前主要功能是服务于翻译和技术写作，属于交际需求，而没有功能词典学派所说的其他两种功能。

4.2.2 用户的查词渠道

4.2.2.1 问题设计

"您查找专门领域双语词汇主要通过哪些手段？"设计这一问题是回应本书第一章第 1.2 节的内容，目的是要发现用户的查词偏好，通过查词偏好来分析该查词渠道的特征，这是一部理想的词典所要具备的特征。这个问题提供了五个选项：网络、双语词典、纸质书本、行业专家和其他。其他答案要求用户填写具体内容，以免题目没有提供全面的答案，被试可以选择多个答案。这一问题意在发现目前用户最喜欢的查词渠道，借此来发现用户友好型词典需要具备怎样的特质。

4.2.2.2 数据分析

通过问卷统计得出表4.3和表4.4中的数据，具体分析可知，用户最喜欢的查词渠道是互联网，所有的用户都偏好使用互联网来查询双语信息；其次使用人数较多的是双语词典，但双语词典的使用人数随着用户级别的升高而逐渐减少，超过一半以上的用户都使用电子或纸质专科词典；使用专业书籍或询问专业人士的被试较少，通过查阅书本知识来获取双语信息的情况随着被试级别升高而递减，而向专业人士寻求帮助的情况则完全相反——随着被试级别升高而递增；也有一部分被试选择了"其他"项目，填写的内容为微信、QQ等社交应用服务，不过这些仅仅是信息来源的渠道，其真实的求助对象还是专业人士。虽然这一类目涉及的被试人数非常少，从中我们可以发现今后辞书工具可能需要具备应用服务软件的实时性和交互性。

表4.3 用户的查询渠道

	网络（人数）	双语词典（人数）	专业书籍（人数）	专业人士（人数）	其他（人数）
一级	30	21	6	3	2

续表

	网络 （人数）	双语词典 （人数）	专业书籍 （人数）	专业人士 （人数）	其他 （人数）
二级	30	20	5	3	0
三级	30	18	5	5	0
四级	30	16	4	5	0

表 4.4 用户通过各种渠道查词的百分比

	网络	双语词典	专业书籍	专业人士	其他
一级	100.00%	70.00%	20.00%	10.00%	6.67%
二级	100.00%	66.67%	16.67%	10.00%	0.00%
三级	100.00%	60.00%	16.67%	16.67%	0.00%
四级	100.00%	53.33%	10.00%	16.67%	0.00%

4.2.2.3 讨论

从表 4.3 和表 4.4 的数据中可以发现一级被试使用双语词典的人数最多，最频繁；四级被试使用双语专科词典的人数和频率最低。由于一、二级被试都处于翻译和语言技能提升阶段，他们的学习过程可能包含着很多词典的使用，因为在此阶段的学生都需要使用词典来了解更多专业词汇。此时他们所能够胜任的专业文本翻译工作应该是非专业文本，双语专科词典在大部分情况下已经足够满足他们的工作需求了。此外，这一级别用户还无法对网络所提供的信息真伪进行验证，于是他们倾向于使用更可靠的信息来源，比如，纸质版双语专科词典。

通过表4.4可以发现，用户喜欢的两大查询类型是网络和双语词典，二者相比较，用户更喜欢通过网络查询；使用专门领域书籍或课本来查询资料的用户远少于网络和双语词典，使用频率也非常低。从查词所需一次性金钱成本来看，网络查询成本比纸质或电子词典低，而且网络查询比其他渠道更为便利；从专门领域书籍上查询双语信息需要一个前提——词典用户要了解哪一本书籍可以查得到所需要的信息以及哪里可以获得这本书，这在一定程度上需要词典用户是专业人士，或者有专业人士提供精准的帮助来找到这本"至关重要"的书籍，因此这种检索类型所耗费的人力和关系成本较高；向专门领域从业人员求助的方式，只有当用户认识专门领域从业人员且该人员能够回答的情况才可以实现。从这个问题的问卷反馈情况可以发现用户倾向于便利且成本低的查询渠道。

网络呈现信息的功能确实强大，但不能忽略网络信息可信度和信息过量的问题。尽管存在这样的问题，但用户仍然偏向使用网络手段查询，究其原因不只是因为网络检索的廉价和便捷让用户忽略了信息的真实性，专家小组人员给出另外一个原因，他们认为双语词典编纂周期长，经常无法同步新词，而词典用户所处理的文件又经常出现新信息，由于缺乏权威信息的参考，所以他们会放弃纸质双语词典，选择网络查询。如果专家的观点准确，那么可以解释三、四级被试对可以提供更权威的纸质双语词典依赖程度低的现象。然而，不容忽略的是研究所涉及的被试基本上都是半专业和非专业翻译从业者或者学生，他们所处理的文件基本上都是非专业或半专业文本，遇到专门领域新词的情况比较少。但无论如何，用户对纸质词典信赖程度低也是一个不争的事实，但主要原因并非缺乏新词收录，可能是词典里面确实存在个别没有收录的词汇，但更重要的是用户存在查词问题，因为对专科词典词条特点不熟悉，所以存在用户可能从专科词典中查询非专科词汇时查词失败，最终造成用户对专科词典的信赖度低。

在本书中，我们假定此研究的被试主要处理的是非专业和半专业文本（本章第4.3节的内容对两个概念做了详细阐述）。这些被试能够胜任的文本基本上很少含有新词，因此使用汉外专科词典能够满足他们的双语对应词查询需求，此外他们基本上仍处在翻译学习阶段，不一定能够辨别网络上所提供的信息的正误，此外此研究中的被试翻译实践经验少，社会资源和人脉也比不上工作数年的译者，从事专业领域工作且提供双语帮助的专业人员在大部分人的社交圈里比较罕见，从这些人中获得帮助也并非易事，因此，向专业人员求助的情况很少。关于查询专门领域双语书籍来获取帮助的情况，被试能否找到足够数量的可参考的双语书籍。一方面，从查阅专门领域双语书籍与向专门领域从业人士寻求双语帮助的数据中，出现一个矛盾现象，一、二级被试选择查询专门领域双语书籍来获取帮助的情况更普遍。这两类被试缺乏专业领域的社会关系可能是造成他们无法依靠从业专家的原因，但是不能忽略一个问题——他们的经验和资历让他们可接触到的文本专业程度并不高，从专业书籍中获得双语帮助的需求并不高。被试查询专业书籍不是为了了解专门领域知识，而是为了参看专业书籍中相似的句子是怎么表述的，例如，用词搭配、语法等。换言之，他们参看专门领域双语书籍更多地是参照特定语类的专门用词和表述，与专业术语的相关性不大。另一方面，通过表4.3和表4.4中的数据，发现三、四级被试参看专门领域双语书籍的人数明显少于向专门领域专业人士求助的人数。这一现象也证实了一、二级被试相比询问专业人士更倾向于使用专门领域专业双语书籍的解释，三、四级被试相对于翻译入门级别的一、二级被试在学习和工作方面年限更长，积累的社会资源更多，获得来自行业专家的帮助的可行性更高。尽管如此，各级被试从专业书籍中获得帮助的比例都不低于10%，也间接说明了半专业和入门级译者都有特定语类用词（非术语）参考的需求，同时，专业书籍中的信息相比网络检索的信息更权威。此外，我们在第三章中提到了交际术语学关于术语变体的论述，部分半专业或非专业文本中术语的表述并未采用标准化的专业术语，而且目前国内汉英双语专科词典则极少收录术语变体，例如，"新型冠状病毒肺炎"在很多情况下被表述为"新冠""新冠肺炎"等，在不同文体中术语如何表述也是被试需要参考的。当然也存在术语跨专业领域借用的情况，比如，古建筑术语"斗拱"在旅游领域译为"bracket set"比"dougong"更合适。"斗拱"作为建筑术语收录在建筑类专科词典中，而旅游词典中可能没有收录，这些术语跨领域借用的情况参照对应领域双语书籍的常见译法也可以达到翻译目的。

基于以上分析，词典用户倾向于使用更快捷、更便宜的查询方式来进行查词。从编纂一部用户友好型双语专科词典来看，不仅需要具备互联网查词便捷的特点，还要保证信息的专业性、权威性，兼顾术语在不同情境中的变体、术语在跨领域的使用。此外还应注意到用户在处理专门领域文本时对非术语词汇的需求。通过数据统计，存在不少被试在翻译过程中向专门领域专业人士求助，对双语专科词典依赖程度低的情况。这一现象的主要原因是双语词典编纂问题，以及用户不能区分专科词典和普通语文词典的差异而导致的查词问题等。解决这一问题的途径是优化检索策略，以提升用户对双语专科词典的使用率和信任感（参见第七章）。

4.3　汉英双语专科词典的拥有情况

4.3.1　问题设计

问题是"您有汉英专科词典吗？"答案是"A：电子版汉英专科词典（包含普通语文电子词典中包含的专科词典）""B：纸质版汉英双语专科词典"和"C：没有"。这三个答案，用户只可选择其一。若选择 AB、AC、BC，或 ABC 均视为无效答卷予以排除。设计这个问题是为了进一步缩小研究主题，同时导向本书研究的对象，通过收集被试所拥有的双语词典类型来发现用户希望购入哪一类型词典，得出的结果与前面两道问卷题进行比较，具体详见表4.5 和表 4.6。

4.3.2　数据分析

根据表 4.5 和表 4.6 的数据，分析可得，47.5% 的被试拥有双语专科词典，52.5% 的被试没有双语专科词典。被试要么同时拥有电子词典和纸质词典，要么单独拥有电子词典，未发现任何被试只拥有纸质双语专科词典的情况。在各级被试中，电子词典的拥有人数随被试级别的上升而减少，电子词典在一、二级被试中更受欢迎；而纸质词典则随着被试级别的上升而增加，在三、四级用户中则有明显增加。与之相对应的是没拥有词典的被试人数随着被试级别的上升而增加。

表 4.5　双语词典拥有情况

	电子汉外词典（人数）	纸质汉外词典（人数）	无（人数）
一级	18	2	12
二级	18	2	12
三级	12	5	18
四级	9	7	21

表 4.6　汉外词典拥有率百分比

	电子汉外词典	纸质汉外词典	无
一级	60.00%	6.67%	40.00%
二级	60.00%	6.67%	40.00%
三级	40.00%	16.67%	60.00%
四级	30.00%	23.33%	70.00%

4.3.3　讨论

4.3.3.1　两种不同类型词典的拥有情况

从表 4.6 的数据分析中可以看出电子词典拥有比例随着被试级别升高而下降。电子词典主要功能是作为普通语文词典使用。在收回问卷的时候，我们对填写电子词典的被试进行了简单的访谈，是关于他们购买电子词典的目的。所有人都明确表示电子词典中的专科词典只是普通语文词典的附属品，实际上用户是为了获得普通语文词典而购买的电子词典。一、二级被试为翻译入门级学员，更需要提升语言技能，而三、四级被试经过了系统的翻译学习和实践已经具备了更高的语言能力，因此也会减少对电子词典的依赖。但随着在工作中接触专门领域频率的增加，更多的三、四级被试在拥有电子词典的基础上购入了纸质双语专科词典，这间接说明了电子词典中的普通语文词典让用户有较好的使用体验，用户有继续购入纸质专科词典的意愿，但是拥有纸质专科词典的被试数量未超过30%，此数据与本章4.3.2节中提到的有超过50%的三、四级的被试使用双语专科语词典不一致。这一现象可能的解释是此研究中的被试都还是在校生，可以借阅或使用校内或校外图书馆里的纸质汉语专科词典。赵连振、耿云冬（2015）指出国内专科词典已经涵盖了大部分专业领域，因此被试也会很容易就从学校找到相关词典。

从表4.6中我们不难发现电子词典随用户级别升高出现拥有率下降的情况和纸质双语词典拥有率随用户级别升高出现上升的情况之间存在着矛盾。三、四级被试外语水平高于一、二级被试，在专门领域翻译和技术写作上也有更多经验，但他们比一、二级被试更经常使用纸质词典；此外，三、四级被试均为在读硕士研究生，都有政府奖学金，有更多时间从事社会实践，经济条件好于一、二级被试。一、二级被试为非专业水平的主体，没有全职工作经验，他们可能要进行很多领域的专业翻译实践才能有更多专门领域翻译的机会，最终获得更大程度的自我提升。由于一、二级被试的翻译实践可能涵盖很多领域，所以专门拥有某个领域的专科词典对他们来说意义不大；而三、四级中的一些被试可能是专职译者或技术撰稿人，他们很可能在某一领域做了大量翻译工作，所以这些被试的纸质双语专科词典拥有率较高。

4.3.3.2 电子词典与纸质词典的受欢迎程度

根据 4.3.3.1 的内容，电子双语专科词典在一、二级被试中很受欢迎，但它们只是普通语文电子词典的附属品。一、二级被试仍处于语言提升阶段，因此他们需要普通语文电子词典来扩充词汇量或提高语言技能，而三、四级用户在翻译不同类型的专业文本方面更有经验，因此他们的语言技能更高，对电子词典的依赖度更低。表 4.6 中数据所显示的电子词典和纸质词典的普及并不意味着双语专科词典的高拥有率，因为用户所拥有的电子词典都不是双语专科词典，而是附带了双语专科词典功能的普通语文词典的电子词典。这只能说明用户更需要普通语文词典的电子版。另外，由此可推断出目前国内双语专科词典已经被边缘化了。在目前的词典市场上，没有专门的汉英或英汉双语专科词典的电子词典。

与一、二级用户相比，三、四级用户纸质词典拥有率更高。在 4.3.3.1 中，有一部分半专家级别的被试已经有一定年限的专门领域的翻译工作经验，有的被试甚至是企业内部的专职译者，他们所从事的翻译领域相对稳定；对于一、二级的被试而言，他们可能没有从事过专门领域翻译的业务，尽管这些被试学习翻译，但是让他们花钱购买一本某一领域的双语专科词典是没有意义的，因为学校图书馆可以提供各类专门领域的辞书；对于三、四级的被试而言，因为他们要处理更为复杂和专业的文件，而且他们的翻译领域是稳定的。因此，他们需要一、两部能提供更多权威性和可靠信息的词典，以保证其工作文本的准确性和专业性。这是处于较高层次的被试（三、四级的被试）在纸质版双语专科词典方面拥有率较高的原因。

4.3.3.3 小结

尽管双语专科词典是用户在从事专门领域翻译或者技术写作的主要参考工具之一，但专科词典的拥有率较低，而且纸质词典的拥有率更低，这说明了双语专科词典在专门领域翻译和技术写作方面的作用正在减少。这是由于目前汉外、外汉专科词典被编纂成了术语词汇对照表的形式，完全没有例子或插图，不收录术语的变体。如果编纂词典是为了满足用户的使用需求，那么把双语专科词典编纂成术语对照表的形式能否满足用户从事专门领域翻译和技术写作的需求？如果可以满足用户的需求，那为什么提供的信息更具有权威性，而且都经过专业人士验证的双语专科词典的使用率比其他参考资料低？毕竟词典如果不能满足用户的需求，那么用户想从汉外专科词典中查询到什么呢？该把汉外专科词典编纂成什么样的模式？不能把所有的问题都归结为词典编纂者没有考虑满足用户在翻译和技术写作方面的需求，因为在用户使用专科词典的过程中也可能存在一些关于查词方面的问题，而这些问题正是我们在下一章中要继续探讨的内容。此外，双语专科词典经常被作为普通语文电子词典的附加项，这些术语对照表形式的汉外、外汉专科词典很容易被复制到互联网上，由此出现很多"山寨"版本的双语专科词典。一方面，这种"山寨"版的专科词典在一定程度上也能够说明大家不查词典的原因——因为网络上有现成的对照表。另一方面，电子词典相对较高的拥有率并不意味着用户愿意付费购买专科辞书，除了目前还没有电子专科辞书以外，电子词典基本上只是电子形式的普通语文词典的附属品。换句话说，用户购买电子词典不是为了其专科词典，而只是为了购买普通语文电子词典而附带拥有了电子版的双语专科词典；此外，网络上有很多"山寨"版的术语词汇对照表，普通用户没有必要也没有意愿付费来专门购买专科词典。

从表 4.6 中的数据我们可以看出，部分被试拥有两种类型的词典，但不能忽略有较大比例用户两种词典都没有的事实。数据表明，用户的水平越高，双语专科辞书的拥有率越低。根据在第 4.2 节中发现的情况，可以得出一个结论：被试者经常使用网络上的双语资源来查词。从第 4.2 节可以看出，这里电子版的汉外、外汉专科词典只是普通语文电子词典的附属品，因此，纸质词典的拥有率决定了真实用户的词典拥有率。

4.4 双语专科词典词条检索

4.4.1 目前双语专科词典的收录内容

"目前专科词典的形式有哪些？"设计这个问题是为了验证本书关于目前国内双语专科词典是否都被编纂成了术语对照表的形式的问题。它是通过询问用户以前遇到的专科词典的类型来设置的（详细问卷情况请参考附录 1）。本题提供了三个选项："字对字词汇表""对应词＋例证""其他"。所有被试都选择了"字对字词汇表"。这一发现与本书的假设相一致，即目前专科词典的主要形式是术语词汇表对照式。因为这类词典被复制并做成网络版的难度系数低，进而导致双语词典的拥有率低。如果存在内容相同，检索更方便而且还免费的词典，用户没有必要再花钱去购买一部检索方式更复杂的纸质词典。这种类型专科词典的出现会引导用户寻求更简单的解决方案。当双语专科词典被制作成电子文档放在网络上进行分享后，只需要按"Ctrl"+"F"键就可以实现简单快捷的词条检索。目前国内双语专科词典内容简单，编纂模式单一，容易被复制成电子档，但也会出现内容错误，例如，在转变电子文档过程中，出现部分文字识别错误或遗漏，或者将图片或 PDF 文件转成电子文档时会存在部分文本无法识读，或者识读错误的问题，易造成信息错误。

4.4.2　用户使用双语专科词典查词成功的情况

4.4.2.1　问题设计

"您在使用双语专科词典时的查词成功频率是多少呢？"设计这一问题是为了进一步确认用户需要什么。通过本章第 4.2.2.3 小节中可知，用户对双语专科词典的不满源自词典的查得率低。用户希望从双语专科词典中查得非术语词汇，而专科词典中不收录非术语词汇，以及用户无法从文本中识别出准确完整的术语，因此作为检索词的文内术语非准确术语，因此在词典中找不到相匹配的词。这一问题的设置是为了验证本章第 4.2.2.3 小节的假设。该问题下设五个选项来衡量用户查词成功的频率。分别是："总是""经常""有时候""基本不会"和"从来不"。此问题的五个选项是根据频率设定的。每个选项的设置标准是以 10 次词典使用为基准。10 次词典使用中有 10 次查词成功，被认为是"总是"；10 次词典使用中有 6~9 次成功，则被认为是"经常"；10 次词典使用中有 3~5 次成功，则被认为是"有时候"；10 次词典使用中有 1~2 次成功，则被认为是"基本不会"；10 次词典使用中有 0 次成功，则被认为是"从来不"，具体调研结果如表 4.7 所示。

4.4.2.2 数据呈现与讨论

表 4.7　用户查词的成功率

	总是 （人数 / %）	经常 （人数 / %）	有时候 （人数 / %）	基本不会 （人数 / %）	从来不 （人数 / %）
一级	0/0	4/13.33	10/33.33	11/36.67	5/16.67
二级	0/0	4/13.33	11/36.67	10/33.33	5/16.67
三级	1/3.33	16/53.33	10/33.33	2/6.67	1/3.33
四级	2/6.66	18/60.00	9/30.00	1/3.33	0/0

根据表 4.7 中的数据，我们可以发现一、二级被试和三、四级被试之间明显的分界线。通过两组数据的对比可以看出，一、二级被试的双语专科词典查词成功率高，也更愿意使用双语专科词典来查词，而三、四级被试情况则完全相反。三、四级词典用户词典查词能力更高，但是大部分在双语专科词典中经常出现查词失败的情况。此结果进一步验证在本章第 4.2.2.3 小节中关于双语专科词典用户有非术语查词需求的结论假设，以及存在用户无法查得词典已经收录但又是自己所需信息的问题。

表 4.7 中的数据凸显了一个问题：用户进行专门领域翻译或者技术写作时，有非术语的查词需求。本章第 4.2.2.3 小节讨论了用户偏好其他查词渠道的原因是用户需要查询非专科词汇，但是非专科词汇没有被收录到专科词典当中，此外还存在用户对双语专科词典的信赖程度低以及双语专科词典存在检索策略不佳等问题。造成用户偏好网络查询双语信息的主要原因是用户大部分

的需求与专科词汇无关。在专业书籍和网络中的信息不只专科词汇，还有一些翻译好的双语版本的参考原文、译文。此外，用户无法从双语专科词典中获得他们想要的信息，这是被试所识别的文内术语与词典所收录的术语不匹配造成的。

本小节通过对这一问题的研究进一步证实了用户在从事翻译或技术写作时需要查询的内容不只是术语，现有词条检索策略也会给用户查词带来一定困难。一部分被试将查词失败归因于汉外专科词典的收词量不足，因此降低了用户对汉外专科词典的信赖度。如果查词失败持续发生，最终必定导致用户对双语专科词典失去信任，用户会随之转向其他渠道查词，尤其在信息发达的当下，各类知识、资源可以被便捷地放在网络上，供大家免费检索和使用。

4.5 双语专科词典的使用

4.5.1 用户使用纸质词典查词的习惯

4.5.1.1 问题设计

"您在使用专门辞书查找信息或者词语时会顺带查阅与该词或信息无关的内容吗？"设计这个问题的目的是发现用户查词的习惯。术语词条是以知识为基础的（梅尔，Meyer，1997；玛赛，Marzá，2009；哈肯，Hacken，2006）专业术语，专科词典具有知识呈现的功能，尤其当许多词条以框架方式呈现在图示之中。然而，本章第 4.2.2.3 节发现用户并没有使用双语专科词典来了解专门领域知识，这一发现与功能词典学派关于词典具有"信息"功能的主张相悖。词典的"信息"功能指的是词典能够为用户提供知识和信息。虽然在本章第 4.2 节的内容中，词典用户并不使用双语专科词典来了解专门领域知识，但是根据笔者的工作经验，译者是会适当根据自身在翻译过程中预测文本中可能存在的问题进行一些额外的信息检索，例如，查看附录插图，从中找出与待译语篇相关信息，尤其在查找像机器装配件等图片信息时，用每一个单一部件都不太好拆卸来说明所有组配件构成一个整体，而且属于同一个知识框架，所以译者会检索相关词条。碰到类似情况时，译者往往会顺带查一下相关内容，或者在查词时看看周边相近词的内容，甚至还会随手翻译几页词典内容，有时候无意中获得了对翻译具有重要价值的信息。

尽管电子词典或者在线词典能够让用户快速查找到信息，但是两种词典经常只能查一次词后才出一次结果，不像纸质词典那样随意翻看也能够无意中获得所需要的信息。因此这一问题针对的是纸质词典，能够让用户利用词典查找其他相关信息也是纸质词典的一大优点。

4.5.1.2 数据呈现与讨论

这道问题的五个选项是根据频率给出的。每个答案的设置标准是以 10 次词典使用为基准。10 次词典使用中有 10 次，被认为是"总是"；10 次词典使用中有 6~9 次，则被认为是"经常"；10 次词典使用中有 3~5 次，则被认为是"有时候"；10 次词典使用中有 1~2 次，则被认为是"基本不会"；10 次词典使用中有 0 次，则被认为是"从不"。具体调研结果详见表 4.8。

表 4.8　词典使用情况

	总是 （人数）	经常 （人数）	有时候 （人数）	基本不会 （人数）	从来不 （人数）
一级	3	7	16	4	0
二级	4	5	18	2	1
三级	3	4	17	5	1
四级	2	7	18	3	0

从表 4.8 所列的数据中，可以发现绝大多数被试在查询完自己所需信息以后还会附带查询一些别的信息。选择"有时候"的被试占比最大，为 57.5%；其次是"经常"，占比为 19.2%；"总是"和"基本不会"占比相当，占比分别为 10%，11.7%；选择"从不"的被试最少，占比为 1.7%。数据表明用户常使用专科词典来查询额外知识信息。本章第 4.6.1.4 节提出一部分词汇可以与其他词汇一起形成语义框架，即查询了一个词，用户可能再去查另一个相关的词，这一点也进一步说明了为什么被试水平越高，纸质词典的拥有率越高，因为高水平的被试在处理翻译文本时更懂得预测与文本相关内容，以便达到更好的知识获取与文本翻译的效果。

纸质词典的所有信息都是向用户公开的，用户可以随心所欲翻看词典的任一页来查找相关内容，而电子词典则要求用户输入检索词才能够检索到相关信息。电子词典信息是根据用户所输入的检索词来呈现的，不会额外呈现多余的信息。从这一点上看，纸质词典似乎更容易满足用户额外查询的使用需求，这也是电子词典所没有的优点，本节通过用户调研所收集到的信息也刚好证明了纸质词典的这个优点。对照本章第 4.2 小节的发现：用户不会使用双语专科词典来获取知识。但在本节中我们发现用户确实可以使用双语专科词典来获取知识，只是知识的获取不是基于用户意愿，而是基于所翻译文本中涉及的问题。

4.5.2　翻译过程中双语专科词典的使用

4.5.2.1　问题设计

"当您遇到纸质词典中查不到的陌生词汇的时候，您会通过哪些渠道查词？"选项有五个："网络""专业书籍""不翻译""专业人士"和"其他"。设计这个问题是为了发现用户在遇到查不到的陌生词汇时的查词偏好，同时进一步证实本书关于词典用户需要查询术语以外信息的假设。

这一问题也是对本章第4.2.2小节的延伸。与第4.2.2小节不同的是，本小节在答案上增加了"不翻译"选项。增设这一选项是基于翻译行业常见做法的考虑。在中国翻译行业中，常见做法是让某一特定专业领域经验译员来翻译原文本，由翻译服务机构专职译者进行校对。当前者遇到无法翻译的内容时，可以不翻译而留给专职译者处理。但是从表4.9中的数据来看，极少被试会选择"不翻译"。主要原因是我们所调查的被试都是"门外汉"级别以及半专业级别的译者，他们会被安排翻译或者进行技术写作的文本类型基本上都是非专业或半专业文本，其中不涉及过多复杂的专业性问题。此外，安排翻译经验不足的译者进行专业文本翻译，最终可能会影响到翻译服务机构声誉，因此翻译服务机构也不会轻易给缺乏专业领域翻译经验的译者派发一些过于专业的文本翻译任务。鉴于被试本身的水平，其最可能处理的文本类型为非专业或半专业型文本。因此这些被试会声称自己在双语专科词典中查不到他们所需要的一些内容，这些内容事实上主要是"非术语"，这是第一个问题。第二个问题是词典的检索策略差，加上用户检索词并非完整而准确的术语词汇。这两个问题也是本书要重点解决的问题。在接下来的两个章节中，我们将对词典用户进行文内术语识别情况进行实证研究，来进一步验证本章节论证的结果。

4.5.2.2　数据呈现与讨论

表 4.9 所列的数据与我们在本章第 4.2.2.2 节所得到的结论相呼应，用户更喜欢通过网络来查找双语信息，也有一小部分被试偏向使用专业书籍或向专门领域从业人士求助。

小部分被试选择了"其他"，他们所提供的答案是微信和 QQ。在本章第 4.2.2.2 节中，我们把利用社交软件或媒体求助的方式归纳为向专门领域从业专家求助。增设"其他"选项就是为了让答案不受限。但是，在数据分析的部分，我们并未将微信和 QQ 进行单独分析，而是将其归纳到了"专业人士"一类中。

表 4.9　其他查词渠道

	网络（人数）	专业书籍（人数）	不翻译（人数）	专业人士（人数）	其他（人数）
一级	30	9	0	4	1
二级	30	9	0	4	1
三级	30	12	2	5	0
四级	30	13	2	5	0

被试对专业书籍使用与被试在专门领域的翻译水平呈正相关，即用户的翻译水平越高，使用专业书籍的频率越高，而且使用双语专业书籍进行参考的被试比例也不会低，但向专业人士求助的比率变化不大，且总体上占比较小，详见表4.9中的信息对比。以上说明用户更倾向于查阅双语版专业书籍寻求帮助，再一次证实了4.5.2.1小节中关于词典用户在处理专门领域文本时需要查询的不单单是术语词汇的结论。另外，用户依赖专业书籍来寻求专门领域的帮助，意味着此类用户所接触的翻译文本专业度并不高，而且用户在专业书籍中所参考的并非是涉及专业术语或者专业知识的问题。因为专科词典的普通用户可能不是专门领域从业人员，而只是一般的翻译从业人员，所以不太了解哪些专业书籍有助于专业翻译。因此他们参考专业书籍的目的不是查阅专业知识而是查询非专业问题，正如本章第4.2.2.3节中所提到的，用户使用专业书籍主要是为了查询专业领域常见的句型、语法、人称等，而且专业书籍的查阅和使用仅仅是译者或者专业作者短期的参考行为，随着他们对专门领域语言的逐渐熟悉，他们不会再使用这些专业书籍。既然用户使用专业书籍不是为了查询专门领域相关知识，也间接说明了为什么选择"专业人士"的被试比较少，一方面是由于能够熟练进行双语转换又熟悉专门领域的人士非常少，另一方面是因为非专业文本只需提供语言文字上的帮助而不需要专业知识方面的帮助。由此可知，用户查询专业书籍也反映了用户在进行专门领域双语工作时真实的需要——专门领域的语言、文字、常用句型和搭配等。词典用户在处理专门领域文件或者进行外语技术写作时对非术语词汇方面的需求也是不容忽视的。

4.5.2.3 小结

关于词典用户的查词习惯，我们发现有很多用户会在查词结束后查看词条周边其他信息。这样的查词方式只存在于纸质词典中，这是纸质词典独有的优点。电子词典只能进行单次输入、单次查询，而且还存在参照系统超链接，用户可以通过点击参照系统来进入到其他词汇当中，而纸质版双语专科词典的信息全部都在用户手上，用户可以随心所欲地翻阅。

纸质版英汉词典中的词条是按照字母顺序来排列的，每个单词的前、后部与周边词条在拼写上都有一定的规律性，意味着用户只需要输入每个词条的部分信息就可以查找到所需词条及其所对应的内容；在汉英词典中，词条根据字母音序排列，一个词条前后只有在发音上存在相似性，在书写上可能毫无相似性，也因此用户需要完完整整地输入准确术语才能够查询到准确信息，任何一个错误输入都可能导致查词失败。

词典用户想要实现准确查词必须提供完整且准确的术语检索词才能够在电子词典中获得准确、实时的信息。而纸质词典则可为用户提供实时和非实时的信息查询服务，用户还可以在纸质词典中进行附带查询，进而获得更多该领域相关信息，利于后续双语文本处理。另外，我们还发现用户使用词典除了为获取语言信息之外，还需要获取一定的知识信息，但都不是出于自己主观意愿。词典用户的需求是一种潜意识需求，这种潜意识需求来自其处理专门领域文本时遇到的问题。

4.6 用户视角下的术语

4.6.1 用户希望从双语专科词典中查到什么

4.6.1.1 问题设计

关于用户希望从双语专科词典中查到哪些信息，本书设计了以下两个问题："双语专科词典只要收录完整的术语词条及对应词就足够了吗？""您在需要阅读、翻译或写作专门领域文献的时候会遇到哪些文字上的困难？"

设计这两个问题是回答本章第 4.2.2.3 小节提出的疑问。4.2.2.3 小节指出用户使用专业书籍来查阅专门领域双语信息与用户级别呈负相关，而向行业专家求助则与用户级别呈正相关。本章第 4.3.3.3 小节对目前双语专科词典特点——多字词条为主以及专科词典被编纂成术语对照表的形式，提出假设：双语专科词典用户从文内识别的术语是否能与词典的词条相匹配。设计第一个问题是了解被试对术语的看法。第二个问题是一个开放性问题，是作为第一个问题的补充，设计这个问题的目的是从用户角度回答他们需要什么。两个问题互为补充，是为了发现词典能够为用户提供什么，以及用户实际上需要什么。

4.6.1.2 数据分析与讨论

表 4.10 和表 4.11 呈现了对以下两个问题分别收集到的数据。

问题：双语专科词典只要收录完整的术语词条及对应词就足够了吗？

表 4.10　人数及百分比统计（1）

	是 （人数/百分比）	否 （人数/百分比）
一级	23/76.67	7/23.30
二级	22/73.33	8/26.67
三级	20/66.67	10/33.33
四级	18/60.00	12/40.00

问题：您在需要阅读、翻译或写作专门领域文献的时候会遇到哪些文字上的困难？

表 4.11　人数及百分比统计（2）

	术语 （人数/百分比）	其他 （人数/百分比）
一级	28/93.33	2/6.67
二级	28/93.33	2/6.67
三级	25/83.33	5/16.67
四级	20/66.67	10/33.33

从表 4.10 和表 4.11 中的数据，我们会发现大部分用户认为只要提供一套完整、正确术语就可以完成翻译或者外语技术写作的工作，与此同时又有一部分用户声称单纯提供术语是不够的。从表 4.10 中可知，答案自相矛盾最明显的是三级和四级被试。这两个级别代表成熟的词典用户和有一定经验的译者或者从事专门领域技术写作工作的人，他们的反馈在很大程度上反映大多数用户的需

求。同时，通过两组表格数据的对比可知，大部分被试其实根本不了解自己到底要在双语专科词典中查什么，在进行翻译以及外语技术写作相关工作时需要查什么。

4.6.1.3 归因分析

针对第一个问题，数据统计的结果说明了词典用户在进行专门领域文本翻译或者外语技术写作时所需要的不单是术语，而第二个问题则直接说明相反的结果——词典用户只需要术语。

将此前研究全部都拼接到一起可知：译者需要的不单是关于术语的信息，还需要一些使用在专门领域中的非术语语言，但是词典用户又无法确定这些词具体是哪些。结合本小节开头所提到的两个相互矛盾的统计结果来看，词典用户很可能根本就不了解什么是术语。也正因如此，用户会将任何他们所不理解的词或词组作为检索词尝试在专科词典中进行查询。如果事实正是如此，那么前面所有自相矛盾的结果都得到了合理的解释。

用户对文内术语识别情况不尽相同。根据交际术语学理论，在不同交际情境当中（包括交际者、交际方式和交际场域），术语的形态不尽相同（卡布蕾，1999、2003、2006；弗蕾西亚，2006），这意味着用户在相同文本中对术语的识别情况不同。在专科词典中的"词条"指的是专门领域专家和词典编纂者共同从特定文本中识别的专门领域词汇；而词典用户从文本中所识别的术语则是根据他们的经验和直觉获得的。当用户识别文内术语并将其作为检索词在双语专科词典中查询时，他们用于识别术语的文本并非专家和专科词典学家提取术语的文本，而且双方在专业知识上也存在差异。此外，专科词典编纂者和用户在专业领域知识水平上也有差距，这也就造成了"用户需要"和"用户需求"间的矛盾：词典编纂者认为词典用户需要的是他们所收录到词典中的词条对应词及其相关信息，而用户自己认为自己所需要的是他们在文本中所切分出来的语义单元的对应词及其相关信息。词典编纂者和词典用户之间存在认识上的差异和矛盾。本节中的数据也正好说明了"用户需要"和"用户需求"间的矛盾。

还有一个原因是词典检索策略不合理阻碍了用户从双语专科词典中获取他们所需要的信息。用户识别文内术语可能存在问题以及词典检索策略不合理是本节的两大发现。对于这两个问题，不能忽略本节所有数据均来自用户的主观回答的事实。因此关于用户使用双语专科词典除了查找术语对应词，还会查找其他非术语词汇的观点还只是笔者的假设，需要进一步证实。本书的第五章节将专门针对这一假设进行实证研究。

4.6.1.4　用户使用普通语文词典以及汉语语义边界模糊的影响

从词典的使用先后来看，词典用户使用普通语文词典先于使用专门领域词典。关于普通语文词典的使用，用户可以简单地检索单个词来获取与之组合的词组，获得短语搭配或固定表达等相关信息。在大部分情况下，用户使用普通语文词典操作简单，想查什么就查什么。而在使用专科词典之前词典用户基本上都有过很长时间的普通语文词典使用经历，这些经历让他们养成了特定的词典查词的习惯。因为普通词典用户既不是词典学家，也不是语言学家，不会刻意去留心词典间的差别，而只会更多关注词典的用途——是否能够满足自身查词使用的需要。在专科词典中，专科词典收录的是术语和专有名词，专科词条不像普通语文词典那样以单个汉字为词目词，下设与之搭配的词条。在大多数情况下，词条由多个汉字组成，一次成功的词典查询取决于用户检索词是否为完整且准确的术语。中国目前双语专科词典只是做成了术语表。在这种情况下，用户按照之前使用普通语文词典的习惯来使用专科词典，势必导致查词失败。对于普通词典使用者来说，他们是靠直觉来识别术语。当词典的使用从普通语文词典转向专门领域词典时，用户使用词典的习惯仍然如过去使用普通语文词典那般，这种做法往往会使他们陷入无法找到正确词条的困境，特别是当术语是由几个词组合而成的时候。因汉语词素有其灵活性，所以语义边界比较模糊，这要求用户特别是非专门领域从业人员，要从文本中切分出完整准确的语义单元则并非易事。这个问题将在第六章进一步阐述。

4.6.1.5 专门领域知识对查词的影响

专门领域是一个知识信息丰富但又经常不被普通人所知的领域。对于像核能科学与工程、土木工程或电气工程等领域，非专业从业人员是不准随意进入到现场来查看该领域作业过程的。这造成一种现象：一些课本读物或者知识参考书可能已经很清楚地描述了一些专门领域的现象、问题等，非专门领域的从业人员可能也理解了其中的知识信息，但是一旦要求他们进行专业化描述，哪怕术语都已经掌握，也会非常难，更不用说用另一种语言来表述这些专业知识了。人们通过阅读专业文献或书籍可以从中获得不少知识，但是由于他们对专门领域的感性体验偏少，可以理解具体的事物、现象如何产生，但无法用语言表达。在专门领域交流中，特别是非专业人士与专业人士之间的交流经常会出现这样的情况：思路很清晰，但不懂得如何用专业语言来表述。在碰到专业问题时常出现非专业人士对专业人士说"我不知道该怎么说了"的情况，在用外语交流专门领域知识时，这种情况更为常见。此时非专业人士需要的并不是术语，而是在描述与术语相关现象时所使用的非术语词汇。如果语言就是用来描述我们思维的话，那么非专业人士缺少的就是准确描述思维内容的词汇。翻译和技术写作也是如此，理解是一回事，能不能转换成专业文本是另一回事。

在大多数情况下，我们理解文本的内容，但是不会表述，原因并非缺乏专门领域的知识，因为这些知识已经在我们的脑子里，我们缺少的是描述专门领域知识的语言，这些不包括术语。在这种情形之下，我们会向其他渠道求助，例如书本、专家等，我们所查阅的内容也并非术语而是与该专门领域相关语言文字的表述。本书所聚焦的土木工程领域是一个具有很多隐蔽工程的专门领域，这意味着该领域有很多知识不被普通外来人员所知。例如，普通译者或者从事技术写作的人。关于这一点，我们已经在第一、二章中进行一部分说明，在第六章中会详细介绍。在第一、二章中提到专门领域的语言和普通语言领域的语言存在交集，这部分内容可以出现在专门领域中，也会出现在普通语言领域，但这部分内容非常有限，要想准确地使用这部分语言也并非易事，因为汉语中存在大量同义词，究竟该选择哪一个词与术语进行搭配，或者描述专门领域知识以突出专门领域语言的特性，让文本显得专业，这些都会是很大的挑战。这些词汇也会是用户最需要的非术语词汇。但是这些词汇不能被收录到专科词典中。这些词汇一旦被收录到专科词典中，无形间就混淆了专科词典和普通语文词典的收词规则，而且随着规则被打乱，会有更多非术语词汇进入到专科词典当中，最终给专科词典编纂带来巨大的挑战。

4.6.1.6 小结

用户在从事专门领域翻译或技术写作的过程中,既有术语查词需求也有非术语查词需求。专门领域有其不同于普通语言领域的隐喻、转喻、语法、句法和语用特征(桑切斯 等,2012),但这些特征语言通常都不是术语,属于专科词典不收录但专科词典用户希望查询的范畴;属于不是专门领域的全部,专门领域除了术语还有其他突出的语言特征。尽管本书做出这番解释,但目前为止仍然只是一个假设。为了发现词典用户对双语专科词典的真正需求,我们将从用户识别文内术语的情况开始,从用户识别文内术语的问题来进一步验证在本章中发现的问题。在下一章节里,我们将对词典用户进行文内术语识别测试。让被试在专门领域文本中进行术语识别测试,以此发现他们识别专门领域文内术语问题,以及他们的术语识别能力差异。通过观察被试术语识别能力,我们尝试找出用户想要什么,并且进一步探究他们识别文内术语存在差异的原因,同时尝试提供一些关于优化在线词典词条检索策略的建议。

4.6.2 关于"术语"定义的访谈

关于什么是术语的访谈原本不包括在问卷中,它是在预研中发现问题时加入问卷的。本章第 4.1 节中提及在正式对被试进行问卷调查之前,我们先对本地一所工科类院校的部分翻译本科专业的学生进行了调研,该校是一所开设了工程类翻译课程的学校,但是没有开设术语学课程,在调研过程中发现学生使用双语专科词典的频率非常低,查词也基本上只使用普通语文词典,学生的术语意识比较薄弱。针对这一问题,研究组成员认为是学生对术语认识不够,无法区分术语和普通词汇。为验证这一假设,我们还对被试进行了试译。从被试的试译文中可以发现，学生确实存在术语意识薄弱问题。考虑到该院校翻译本科专业学生可能不具有代表性，因此在正式问卷调查中，我们在问卷题的最后加入了这一问题，关注的是受试者在完成测试后对术语的看法。从数据呈现结果并结合之前关于术语使用的问卷，得出专科词典用户对专门领域术语和非术语区分能力较差。大多数用户缺乏术语学或语言学相关知识，因此对专门领域术语和非术语的认知和区分能力水平较低。在进行外语技术写作或者翻译时，遵循意译优先的原则，因此查词基本上使用普通语文双语词典而不用双语专科词典，因为缺乏对术语的认知，认为专科词典只服务专门领域，因此在进行专门领域相关工作时，直接在专科词典中查询非专门领域词汇，或者因为对术语意识程度不够，对术语语义切分不合理，导致查词失败。

为了验证本章第 4.6.1 节中关于用户不确定什么是术语的发现，在被试完成并提交测试卷后增加了这一访谈问题来验证我们关于词典用户对术语概念不清晰的假设。在访谈中我们发现了不同答案。他们认为术语主要是"专业性词汇""专业领域使用的词汇""词汇的含义与日常词汇不同"和"用于专业领域的难词"。很多受访者花了很长时间才想出答案，其中一些人甚至无法回答。即使一部分被试给出类似于以上四个答案的回答，但没有任何答案接近本书在第一章 1.3.2 节中对术语的定义。

访谈扩展了对用户使用词典方面问题的研究。因为用户对专门领域中术语和非术语区分意识不强，往往会在文内识别出错误术语、遗漏术语等，从而导致查词失败。

4.7 本章小结

本章节逐一分析了问卷中的 10 个问题，目的是从数据中深入发掘用户对双语专科词典的真正需要。通过对 10 个问题的分析，得出了一些结论，分析情况具体如下。

4.7.1 汉外专科词典的功能

通过问卷调查发现，用户认为汉英专科词典的功能是提供翻译和技术写作辅助的工具。这一类型专科词典的编纂与理论研究应当聚焦这两个功能。双语专科词典能提供知识信息功能，但是用户对知识的需求是潜意识的，对知识的需求来自他们对待处理文本内知识的预判以及查词操作过程。换言之，他们对知识的需求来自他们所处理的文本与查词互动。

4.7.2 用户关于词条检索优化的需求

一方面，用户在处理专门领域文本时，同时有术语和非术语查询需求。用户对术语在理解上存在偏差，加上对专门领域知识的缺乏，在文内术语识别上会存在无法完整识别正确术语的问题，因此，用户往往会用词典来查询他们所识别的任何内容，其中包括术语词汇、非术语词汇以及他们所识别出的不准确术语词汇。另一方面，由于目前双语专科词典基本上都是双语对应的术语表模式，没有收录非术语词汇，因此常常导致用户查词失败。从用户使用双语专科词典的原因来看，用户是要满足特定目的，例如，翻译或技术写作等，他们的目的是要准确、专业地完成翻译或者技术写作的任务。要实现这一目标，用户

105

检索词必须是准确的专业词汇，才能够从双语专科词典中获得准确的对应词信息，但是通过本章节的调研发现用户不能从文本中准确、完整地识别出专业词汇，识别文内术语的过程基本上靠直觉，因此用户在进行检索查词时需要进行检索词纠正。而传统的双语专科词典，尤其纸质词典，无法实现用户与词典的互动，词典无法为用户提供检索词纠正，这导致词典学家从特定文本中提取一套专业术语并将其收录到双语专科词典当中。这些词汇与用户从文本中识别又被当作检索词的词汇不完全匹配，最终导致了查词失败。长此以往导致用户对双语专科词典的信任度降低，进而更多地转向其他渠道，例如，专门领域的双语书籍、专门领域的从业人员、互联网等，在本章的调研中也发现了这些问题。

问卷调查的数据还发现了以下问题。

（1）研究证实了章宜华、郭启平（Zhang Y H and Guo Q P，2010）提到的目前国内双语专科词典需求量巨大，但是只有少部分人觉得双语专科词典有用，主要原因是目前编纂的双语专科词典满足不了用户使用需求。

（2）词典用户对专科词典词条和术语概念不清，会在词典中查询非术语词汇，进而导致查询失败。

（3）词典用户希望汉英双语专科词典查词功能更便利，并且所有信息可以像纸质词典一样随意查阅。

（4）用户对专业领域知识的需求进而导致词典查询是基于他们潜意识里对处理文本内容的预判。

4.7.3 用户查词失败的原因分析

词典用户查词活动能否成功取决于所检索的词是否为词典词条。如果是，则用户可以从词典中获取所需内容；如果不是，则会导致查词失败。大部分词典用户不是术语学家，也不是词典学家，而专科词典是术语和词典的结合。用户不会有意识地针对专科词典特点来查询专科词汇，却在普通语文双语词典中查询非专科词汇，在进行专门领域翻译或者写作之时，用户往往会按照使用普通语文词典的方法来查词——什么不会查什么。问卷中发现用户对专科词典既有术语词汇查词需求，也有非术语词汇查词需求。专门领域知识与普通领域相比有其独特性，涉及专门词汇的搭配，例如，在土木工程领域中"扎钢筋"中的"扎"并非术语，也非专门领域词汇，但是"扎"在普通语言领域有多个英语对应词，哪一个可以与术语"钢筋"搭配？"倒混凝土"中的"倒"也非专门领域词汇，在普通语言领域也有很多英语对应词，译者如何选择正确的词来搭配？从用户角度来看，他们需要的经常不是他们所检索的词汇，而是先对他们用于查询的检索词进行验证。检索词是否为词典的词条？如果是词条，那么对应词是什么，与其他词汇如何搭配；如果不是词条，那么能否给予一定提示，帮助识别分布在文内的词条？这些用户需求来自他们处理文本时的实际需求，用户处理文本就必须要实现文本达到专业化要求，要用对词、用对搭配，这一目标实际上才是词典用户通过查词希望实现的最终目标，也是本书在第三章提到的"用户需要"。

以上观点是接下来三个章节的研究基础。本章节的研究只是一个普通并且普适的问卷调查与访谈的结合，所形成的结论是粗浅也是假设性的，在接下来的章节中，我们将进一步验证这些假设，从用户使用双语专科词典情境来分析用户需要。关于用户究竟需要什么，上文以及第一章第1.1.3节已经做出了解释：用户对专门领域知识的不熟悉和不确定，汉语语义界限模糊以及用户使用过程使用普通语文词典所带来的影响。在第五章中，我们将从词典用户使用双语专科词典的第一步——从文本中识别检索词开始，观察词典用户将什么样的词或者词组识别为检索词，并且怎样使用双语专科词典来检索这些词。用户检索词与词典收录的词条存在怎样的差异？是否存在用户识别的不是术语或者非术语加术语的复合词组，最终导致失败的查词？同时，基于对用户识别文内术语情况，分析不同级别的被试在术语识别上有什么差异，是否如常理认为的用户翻译专业领域文本经验越丰富，翻译能力越强，术语识别准确率越高，进而查词的能力就越强？下一章节将对照本章节问卷调查的发现来进一步验证本章节的假设性结论。后续章节将分别对词典用户在文内术语识别上的问题和产生差异的原因进行研究，并提出解决方案，同时反思如何优化词典检索策略，以及在国内翻译硕士课程教育里如何融入术语教育，从优化词典和提升用户术语水平两个角度来提升词典使用成功率。

第五章　词典用户的术语识别能力

要实现成功查词的目标，用户首先要能够从所处理文本中识别出准确的词条，我们对词典用户的文内术语识别能力进行了测试（具体内容见附录2）。双语专科词典中收录的都是专门领域词汇，这意味着要实现双语专科词典的成功查词，用户在文本中识别出并用于检索的词汇必须是词典里有收录的专科词条。用户检索词是用户根据自己的学识和经验从文内识别出来的，而词典中收录的专科词条则可以视为词典编纂团队从文本中识别出的专科词条，二者要相匹配，或者至少开头部分要相匹配，最终实现成功检索。那么，在汉外专科词典使用中，是否存在因用户的检索词与词典内的专科词条不匹配的情况而导致查词失败？通过第四章的问卷调查与分析，发现这种情况可能存在，原因可能是词典确实没有收录足量的词汇，但是否也有用户的原因？毕竟专科词典词条不似普通语文词典词条那般，用户使用汉英双语专科词典查词还存在汉语言语义边界模糊的特点，以及词典用户对专门领域知识不熟悉的问题，这些理据分析已经在第一、三章进行了阐述，此处不再赘述。那么，用户识别文内专科词条会不会存在问题？会存在哪些问题？通过发现这些问题，我们可以有效得到用户所需。作为辞书研究者可以从哪些方面提出专科词条检索策略优化的建议？

在本书第二、三章中，提出了在汉外专科或者汉语专科词典中，要解决词条检索问题，必须考虑词条所在语境以及检索模式。第四章对用户的背景，使用汉外专科词典情况以及汉外专科词典拥有情况进行了问卷和访谈研究，并且形成了一些假设性结论——词典用户的外语翻译和写作能力与其识别文内专科词汇不相关，用户对自身使用词典的查词需求是潜意识的，或者说用户实际上不太了解自己的需求。本章将针对用户使用词典情况进行实证研究，力图进一步证实第四章的结论假设，并发现用户在真实的汉英专科词典使用情境中需要什么。

5.1 研究概要

本章节是关于用户如何识别术语的测试，是对第四章研究的延续。研究设计基于第四章所形成的假设性结论，测试对象是参与上一章节研究的所有被试，测试目的在于发现不同级别的被试对文内术语识别的情况，同时对比被试所识别的检索词与词典所收录词条之间的差异，进而发现用户所需，最终确定词典该从哪些方面进行优化。被试来自福建省的主要大学（参见本章第5.2.3节）；测试内容是15个从专门领域书籍中摘录的句子（参见本章第5.2.4节），句子的专业程度不同，这些句子中的专科词汇都是经土木工程领域专家成员一致确认的，要求用户识别出其中可以在双语专科词典中查询到的词条（参见本章第5.2.4节）。在测试过程中，我们要求被试把文内专科词汇用下划线标注。被试所识别的专科词汇最终被放在英文本 Word 2011 中的"审阅—比较"与行业专家识别的专科词汇进行比较,以此来观察用户对文内专科词汇识别情况与行业专家所识别的专科词汇的匹配度。通过对这一指标的观察可以预测到用户所识别文内专科词汇与词典收录的专科词汇的匹配度,换言之,即用户查词成功的概率。用户识别的专科词汇与行业专家确认的专科词汇的匹配度可以穷尽性地归纳为完全匹配(用"T"表示,"Totally-matched"的首字母)、部分匹配(用"P"表示,"Partially-matched"的首字母)、不匹配(用"F"表示,"Non-matched"首字母)、非专科词汇(用"N"表示,"Non-term"的首字母)。用户在文内识别的所有专科词汇以这四种情况进行对照分类,对各级被试的文内专科词汇识别情况进行逐题统计,专科词汇所有的可能性数据收集后用 SPSS 19.0 统计软件进行分析(统计方法详见本章第 5.4 节),以发现用户翻译能力和水平与专科词汇识别的关联情况。通过这种关联来发现用户对专科词汇的认同情况以及识别情况。若实验被试识别专科词汇的能力随着被试级别升高而提升,结果与常理相符,即词典用户双语水平越高,接受专门领域翻译或写作的教育或培训越多,则越能够处理好专科词汇文内识别的问题,此发现也驳斥了第四章的假设性结论——用户双语能力与用户识别文内专科词汇能力不相关。反之,如果被试识别文内专科词汇的能力并没有随用户级别升高而提升,或者出现不规则变化,则实验结果刚好就证实了第四章的研究发现。

关于词典用户识别文内专科词汇,最理想情况是用户准确完整地识别出专科词汇,但要实现这一目标实际上比较难,原因已经在第一章第 1.1 节提及。在四种可能的专科词汇识别情况中,T——说明用户检索词与词典词条完全匹配,用户直接查词即可;N——非术语,说明用户把普通领域词汇识别成术语,这一指标体现的是用户在处理专门领域文本时对普通语文词汇的需求；P——体现的是用户从文内识别的专科词汇仅是标准专科词汇的一部分，或者标准专科词汇只是用户所识别词汇的一部分，部分匹配的情况不会导致用户查不到词汇，只要用户从文内识别并用于检索的词汇与标准专科词汇在前半部分相同，用户通过检索词获得所需要信息的可能性非常大。因此词典基本上都按照首字母检索，此类情况说明用户需要检索词纠正，这一点也是用户友好型词典需要注意的；F——指的是文内专科词汇没有被试识别出来的情况，这一点体现出用户缺乏专门领域相关知识，因为专科词汇描述的是专门领域知识，用户需要词典帮助其把这类词汇识别出来以进行信息检索。尽管此处所描述的用户检索词汇问题可以归纳为用户对专门领域知识了解不足，但是用户为了使用某一部专科词典要特地习得足够的专业知识显然是不可能也不现实的，提高用户查词成功率才是解决词典和用户矛盾的关键，因此本书设计通过用户识别文内术语来发掘用户需求。

5.2 研究概述

5.2.1 研究目标

本书的目标是发现用户识别文内专科词汇情况与词典收录词条之间是否存在矛盾。在比较二者基础上尝试回答第四章提出的三个结论假设：用户使用汉外专科词典时查询需求不单单是术语，还有非术语词汇；用户查词失败几率高，导致用户对双语专科词典信任度降低；用户对文内专科词汇识别准确率不高，进而导致用户查词失败。通过对这些问题进行证实/证伪，为相应地解决词典使用和词典编纂的矛盾提供可行方案。尽管本书以土木工程专业双语专科词典为例，但研究成果也适用于相关或相近学科。

5.2.2 研究设计

在此研究开始之前先根据徐浩（2014）提出的小组预访谈—规模化的研究—深度访谈的模式，先对翻译专业的学生、土木工程专业领域专业人士以及土木工程相关专业的学生针对中国当前汉英双语专科词典进行非结构性访谈以形成对这些用户需求的初步了解，然后根据访谈结果形成量化测试，再根据测试结果进行质性分析。

5.2.3 实验被试

本书针对的是词典的交际功能，词典用户与词典之间关系是：词典用户—专门领域文本—词典（词典学家、术语学家和专业人士）三者之间的交际。塔普（2009）、尼尔森（2010）、古斯（2010）以及弗埃德斯·奥利维拉、塔普（2014）指出在技术交流情境中，交流的专业度受到双方专业知识掌握程度和交际情境的影响。专业度可以划分为三个层次：非专业、半专业和专业（蒂玛，Dima，2012）。词典用户也按照其所掌握的专门领域知识相应地划分为非专业、半专业和专业人士，目前没有明确可行的方法来对用户进行这三类划分。由于此研究所针对的是中国学生译者，根据译者所受的教育和通过的资格考试情况将词典用户划分为以下五个大类。

5.2.3.1 "门外汉"级别的被试

一级被试（年龄在 19—22 岁之间）：翻译专业本科生，已经结束大学二年级的学习，刚刚进入大三，已经通过了英语专业四级考试。这一级别的被试还处在专业英语翻译的入门阶段，已经接受了一点点土木工程专业文本翻译的入门教育。

二级被试（年龄在 20—23 岁之间）：翻译专业本科生，已经结束大学四年的学习，通过了英语专业八级考试。这一级别的被试相对一级被试已经接受了比较广泛、更全面的专业文本翻译训练。

5.2.3.2 半专业级别的被试

三级被试（年龄在 21—26 岁之间）：翻译硕士一年级学生，通过了翻译专业的研究生入学考试，成为被试之时，已经结束了翻译硕士第一学年的课程，其中包括土木工程类文本的翻译。这类被试相对前面两个级别的被试不单在实践上接受了更多、更密集的训练，在理论上也得到了深造。其中有一部分学生已经开始从事兼职工作，接受工程专业相关的翻译业务。

四级被试（年龄在 22—26 岁之间）：翻译硕士二年级学生，通过了全国翻译资格水平（CATTI）二级笔译测试，已经结束了翻译硕士第二年的学习。这一级别的被试至少有 6 个月的翻译实习经验，已经较之其他学生译者有了最多的翻译实践经验，他们翻译实践的领域包括了土木工程领域。

5.2.3.3 专家组

专家小组（年龄在 28—42 岁之间）：由收入 80% 来自翻译工作的专业译者、在工程企业有 10 年以上从业经历的英汉双语专员、一部分留学海外攻读土木工程类专业的博士研究生组成，他们以英语为工作语言来从事专门领域的研究工作，或者已经发表了土木工程专业方向的研究型文章。

一至四级的被试来自福建省主要大学——厦门大学、福州大学、福建师范大学、闽南师范大学、福州外语外贸学院。这些大学开设了翻译专业本科/翻译硕士。专家组人员由福州大学的教授，留学英、法、德、美、加、西班牙的博士研究生，以及专业译者组成。专家组人员具有较高外语水平和专业知识水平以及曾受到大量翻译训练；被试都具有一定文化学识，通过了高考，接受过外语教育和翻译教育，也都是有志于从事翻译工作的学生，他们在很大程度上可以作为中国双语专科词典的使用者的代表。

在本书当中，测试只面向一至四级被试。这些被试都是翻译专业的学生，一级被试接受的翻译教育最少，四级最多。同一级别内的被试在语言技能、专门领域（土木工程领域）知识、年龄上都相近，各级别之间的性别比例也相当；专家组成员的专业知识和语言水平，年龄差异较大，这一组人员如何进行深入划分？这些人的专业知识和外语水平目前缺乏行之有效的深入划分标准，因此不被划为被试组。鉴于此，本书聚焦一到四级的"门外汉"和半专业级别的被试，这些被试也是专科词典最基本的用户组（尼尔森，2010）。专家组成员将作为本测试和后续访谈的咨询人员，因为这些专家组成员也是从"门外汉"和半专业级别用户成长起来的，因此他们过往的经验也具有参考价值。

参加实验的被试一共160人，每个级别各40人。专家组成员有20人。在测试过程中排除了部分不合格的被试（参见本章第5.2.5节），以及出于保证各个级别被试性别比例均衡，最终每个级别留下30份合格的被试测试卷，该数据根据秦晓晴（2012）关于统计数据需求的论述。这些实验被试在性别、年龄背景、受教育程度方面都符合汉外专科词典交际功能的定位，具有代表性。

5.2.4 测试材料

本章的测试是为了发现被试在非专业和半专业文本中识别文内专科词汇的准确程度，这意味着实验需要不同专业度的文本。

本章的第 5.1 节已经阐明本章所涉及的是一个关于专科词典用户识别文内专科词汇的测试，研究涉及的被试是翻译专业学生，分别被标记为专业翻译的"门外汉"或半专业人群，根据翻译业务分配的常理以及这两类被试所能够胜任的翻译工作，本书认为这两类用户所处理的都是"非专业"或"半专业"文本。要确保测试材料具备"非专业"与"半专业"的区分度、行业代表性，以及行业覆盖的广泛性，我们遵循以下三个步骤进行测试材料的选取。

首先，选择能够代表专门领域的材料。本书选择材料的渠道是培养专业建筑工程人才的课程，例如，建筑材料、钢结构、混凝土结构、建筑施工组织、建筑工程项目管理、土木工程法规等。测试卷中的每个句子都出自以上各个课程相关的课本当中，这些课本内容涵盖了该领域的所有知识，被划分为半专业和非专业文本[①]。

---

① 目前在翻译或辞书领域没有专门针对关于"非专业"与"半专业"文本的划分。在本书中，我们根据教育课程设置对这些所涉及的文本内容进行划分，根据教育课程设置是因为目前为止教育是最常见的人才培养方式。非专业文本取自专门领域的简介性课程和基础课程。非专业文本的特征是普通领域语言的文本，其中有专科词汇，这些专科词汇被收录在普通语文词典当中；半专业文本内容取自专业基础课，这类文本属于专门领域语言的文本，其中的知识是针对专门领域的介绍性知识。在土木工程领域，出自像房屋建筑学、建筑材料基础等课程的文本都属于非专业文本，而出自像混凝土结构，建筑施工组织和钢结构等课程相关的文本则都属于半专业文本。这种分类方式是根据我国大学课程设置的基本原则，从基本的非专业到半专业再到专业。在本书中，我们认为简介性课程适用的对象就是刚刚入门，对专门领域知识的认识只停留在了解一些基本术语的程度上，而专业基础课则是半专业的，因为课程中的知识是基于非专业课程的，二者在专业程度上有差别。

其次，我们从相关课程里为非专业和半专业文本分别提取了1500多个字的文本。这些文本都交给专家组成员进行专科词汇识别（参见本章第5.2.4节内容）。根据交际术语学的理论主张，术语使用者对不同语篇情境中术语有差异化的认同。专家组成员对术语识别也存在差异，所以我们最终选择所有专家都确认具有相同术语的语句作为备选材料，其中将专家选择的术语词汇与词典收录的术语词汇进行比对，如果专家所识别的术语词汇与词典收录的相匹配，则这些术语所在语句将被留存下来当作被试的测试材料。最终，我们一共选取了15个句子，其中8句，共320个字，为非专业文本；另外7句，共473个字，为半专业文本。

最后，为了确保被试能够理解测试文本的内容，选取的文本术语率都不高于10%，非专业文本320个字中有32个术语，占10%；半专业文本的473个字中有46个术语，占9.73%。控制术语密度是控制文本专业度，这是为了确保被试能够理解文本的内容，避免与实验无关的因素，如文本太难导致用户无法识别术语。本书属于尝试性研究，被试也几乎是初学翻译的入门者或半专业人士。

5.2.5 控制因素

任何类型的词典服务对象都不是个人，而是一类人群。本书的测试不像语言习得测试，要求被试的背景一致，范围小，测试的结果可以进行效度检验，在本书的研究中，被试并没有进行过细致的划分，尤其半专业组的被试，不论从年龄还是工作经验都有很大差异，无法像语言习得测试那样进行效度检验。为了保证效度，我们采取了一些措施，具体情况如下。

5.2.5.1 排除无效测卷

对于本书的测试，被试需要认真和细心，尤其在被试数量不多的情况下。在被试数量不多的情况下，排除无效问卷，保证测试的有效性显得尤为重要。

在本书中，除了常见的剔除不完整、字迹模糊的测试卷之外，还设置了以下两个控制因素来排除无效测试卷。第一个控制因素是特意在测试卷中保留错字。

（1）同音字，测试卷第 14 题把"水"字打成了"谁"字。

（2）遗漏，测试卷第 6 题中的"复拧扭拧等于初拧扭矩值"（复拧扭拧值等于初拧扭矩值）。

（3）错字，第 7 题中"连接处"打成了"连接煮"。

在测试实验过程中，笔者在一边陪同，告诉他们如何完成这份测试卷，同时提醒他们在遇到错误问题时需要及时在测试卷中标记出来。三个错误分散在整张测试卷中，用来检验被试是否认真对待这份测试卷。测试完毕，收集上来的测试卷，只有其中标记了三个错误点的测试卷才会被留用。

另一个控制点在于术语的重复上，测试卷中含有多个重复术语词汇，要求被试能够将所有重复术语全部标记出来，如果没有把重复术语全部标记出来，则视为用户没有认真对待，测试卷则不被留用。

5.2.5.2 背景输入

背景输入是为了用户理解测试卷中所涉及的术语词汇而设定的。本书所选择的被试对象全都来自福建省的大学，他们中几乎没有人接受过系统的术语学或者辞书相关课程教育。测试是在笔者于被试所在的高校进行关于双语词典与术语，以及词典词条检索相关的讲座之后进行的，以此让被试能够具备一定相关知识和背景，顺利完成本实验。

整个实验在笔者的监督之下进行，以此保证被试能够独立完成测试。对于出现极端情况的测试卷，例如，出现术语识别得特别少的情况，这也意味着用户在翻译这些文本时几乎不需要任何查询帮助，此时，将对被试进行提问，询问部分句子的译文，如果被试无法提供则被视为没有认真对待此问卷，则测试无效。反之，若用户可以清楚回答，则测试卷留用。对于完成测试的被试，我们赠予其每人一个笔记本和三张厦门大学校园明信片，对于专家组成员则赠予其每人 100 元报酬作为感谢。

5.3 结果分析

5.3.1 分析方法

前文提到，本书所涉及的测试是为了通过被试识别文内专科词汇的情况来揭示用户所需。测试过程是为了发现被试的查词习惯并进一步发现被试眼中的专科词汇与词典所收录的专科词汇之间的矛盾（参见本章第 5.4 和 5.5 节）。

回收所有被试的测试卷以后，将所有被试在测试卷中标记的术语词汇输入到 Excel 电子表格当中的一栏，术语与术语之间用分号隔开，另一栏为专家组成员所一致识别的专业术语，再将电子表格中的数据逐一粘贴到英文版 Word 2011 中，使用其中的"审阅—比较"功能进行匹配操作。根据匹配的结果分为 F、N、

P、T（详见本章第5.1节关于F、N、P、T的详细说明）。四个级别的被试在两类不同文本中，对每一道题的F、N、P、T的数量情况都进行统计，最终输入到SPSS 19.0统计软件当中进行相关性分析，观察不同级别的被试在不同专业度文本中的表现情况和关联情况。

5.3.2 数据呈现

本书的目的是发现不同级别被试在非专业文本和半专业文本中识别术语的F、N、P、T值的差异情况，以及相关度。换言之，被试在两类文本中的F、N、P、T值是否存在被试外语技能越高，专业知识越丰富，识别术语的能力越强的情况？在测试中，被试分为非专业和半专业，文本也分为非专业和半专业，一般情况下可以采用"方差分析"（ANOVA）来获得数据结果，但是数据中存在两个自变量——被试和文本类型，其中两组被试还存在细分，专业文本也被划分为非专业与半专业文本，应先进行重复试验方差分析（Tests of Between-Subjects Effects）来确定文本类型与被试水平之间是否存在交叉。此处的交叉指的是二者会不会共同作用从而对变量产生叠加的影响，叠加的作用不是把两个自变量对因变量的结果累加进行累加，指的是一个自变量对因变量所起到的作用受到另一个自变量的削弱或增强作用，叠加的影响是被试的F、N、P、T值会更高，或更低。如果通过数据统计发现两个自变量并无交叉，则可以直接分析文本类型——非专业和半专业文本如何对F、N、P、T值产生影响，然后再从不同被试级别来发现F、N、P、T值。如果存在两个或多个自变量交叉的情况，则需要进行更为详细的被试级别和文本类型的比较。第一种情况，我们采用单因素方差分析法来统计每个自变量对F、N、P、T值的影响情况；第二种情况,我们将采用单因素方差分析来得出同一级别内的 F、N、P、T 值的差异,同时因为数据中存在两个自变量,四个级别的被试在不同级别之间需要对比,此时得进行多重数据检验。后一种方法涵盖了前一种分析,数据相对复杂。

5.3.2.1 描述性统计($p<0.05$)

对被试的 F、N、T、P 的情况进行统计,得到以下描述性统计表 5.1。

表 5.1 描述性统计

被试级别	文本类型	匹配度	人数	均值	标准差
四级	非专业	F	30	0.3623	0.14607
		N	30	0.0610	0.06718
		P	30	0.0597	0.04140
		T	30	0.5523	0.13915
	半专业	F	30	0.2073	0.11353
		N	30	0.0903	0.08202
		P	30	0.5713	0.13783
		T	30	0.3710	0.07260
三级	非专业	F	30	0.5910	0.18016
		N	30	0.0637	0.07020
		P	30	0.1310	0.08648
		T	30	0.7177	0.14474

续表

被试级别	文本类型	匹配度	人数	均值	标准差
三级	半专业	F	30	0.2253	0.12754
		N	30	0.0780	0.06446
		P	30	0.5487	0.09336
		T	30	0.3490	0.10466
二级	非专业	F	30	0.4687	0.11116
		N	30	0.0257	0.03070
		P	30	0.0807	0.04160
		T	30	0.4383	0.08914
	半专业	F	30	0.2857	0.13096
		N	30	0.0300	0.02948
		P	30	0.5283	0.14135
		T	30	0.3230	0.08583
一级	非专业	F	30	0.3973	0.10014
		N	30	0.0227	0.03393
		P	30	0.0923	0.04224
		T	30	0.5137	0.09216
	半专业	F	30	0.1990	0.08806
		N	30	0.0467	0.05616
		P	30	0.6110	0.09159
		T	30	0.3607	0.07220

匹配度（F、N、P、T）析因分析，具体见下表5.2。

表 5.2 重复试验方差分析

匹配度	变异来源	平方和	自由度（Df）	均方值（Mean Square）	F 值	P 值
F- 术语遗漏	校正模型	4.107a	7	0.587	36.037	0
	交叉	28.085	1	28.085	1725.162	0
	被试水平	0.648	3	0.216	13.273	0
	文本类别	3.051	1	3.051	187.413	0
	被试水平 * 文本类别	0.407	3	0.136	8.342	0
	误差	3.777	232	0.016	—	—
	总误差	35.969	240	—	—	—
	总校正误差	7.884	239	—	—	—
N- 非术语	校正模型	0.133b	7	0.019	5.743	0
	交叉	0.655	1	0.655	198.257	0
	被试水平	0.108	3	0.036	10.887	0
	文本类别	0.019	1	0.019	5.882	0.016
	被试水平 * 文本类别	0.005	3	0.002	0.552	0.647
	误差	0.767	232	0.003	—	—
	总误差	1.555	240	—	—	—
	总校正误差	0.900	239	—	—	—

续表

匹配度	变异来源	平方和	自由度（Df）	均方值（Mean Square）	F值	P值
P-部分匹配	校正模型	13.670c	7	1.953	227.106	0
	交叉	25.800	1	25.800	3000.553	0
	被试水平	0.085	3	0.028	3.276	0.022
	文本类别	13.476	1	13.476	1567.215	0
	被试水平 * 文本类别	0.109	3	0.036	4.234	0.006
	误差	1.995	232	0.009	—	—
	总误差	41.465	240	—	—	—
	总校正误差	15.664	239	—	—	—
T-完全匹配	校正模型	3.803d	7	0.543	50.804	0
	交叉	49.295	1	49.295	4609.387	0
	被试水平	0.721	3	0.240	22.462	0
	文本类别	2.511	1	2.511	234.816	0
	被试水平 * 文本类别	0.571	3	0.190	17.808	0
	误差	2.481	232	0.011	—	—
	总误差	55.580	240	—	—	—
	总校正误差	6.284	239	—	—	—

从表5.2的数据中可以发现，数据中被试水平和本书交叉作用对被试识别文内术语的F、N、T、P值产生影响，四个值在不同的被试和不同文本类型中的差异有统计学意义。参见"被试水平＊文本类型"处的"P"值，本书发现N栏中被试水平＊文本类型的P值是0.647（P>0.05，无统计学意义），而F、P、T的P值为"0"（<0.05，具有统计学意义）。说明自变量"被试水平"与"文本类型"存在叠加效应并最终影响了F、P、T的值，但对N的值没有影响。

鉴于F、P、T值受到了被试水平和和文本类型的影响，因此后续要进行事后多重比较，以成对分析三类值在不同层级的被试和文本类型下的差异。N值处，文本类型和被试级别不存在交叉影响，只需要进行单因素方差分析即可，分别分析用户级别和文本类型对N值的影响。一个级别的F、P、T、N值，必须同时采用两种方法进行数据分析。"事后多重比较"因涉及的因素多，因此非常琐碎且复杂，同时其比较结果与N的方差分析和F、P、T的单变量检验相重叠（更多信息请参考附录3），并且在数据分析时容易出现与方差分析和单变量检验互相混淆，但如果方差分析和单变量证明足以证实我们的假设，那么"事后检验"方法就没有必要，因为本书的目的是找出文本类型、被试级别与被试识别术语之间存在的关联，并非不同级别的被试在不同文本中的F、N、P、T值的比较。换句话说，被试的等级水平越高，在专业程度越高的文本中识别术语准确度也越高（更多信息请参见本章第5.1和5.2节）。

5.3.2.2　F的方差分析（针对同一被试级别在不同文本中的表现）

F的方差分析（针对同一被试级别在不同文本中的表现），具体见表5.3。

表5.3　F的方差分析（针对同一被试级别在不同文本中的表现）

级别		平方和	自由度（Df）	均方值（Mean Square）	F值	P值
四级	组间	0.360	1.000	0.360	21.059	0
	组内	0.993	58.000	0.017	—	—
	合计	1.353	59.000	—	—	—
三级	组间	2.006	1.000	2.006	82.327	0
	组内	1.413	58.000	0.024	—	—
	合计	3.419	59.000	—	—	—
二级	组间	0.502	1.000	0.502	34.049	0
	组内	0.856	58.000	0.015	—	—
	合计	1.358	59.0000	—	—	—
一级	组间	0.590	1.000	0.590	66.367	0
	组内	0.516	58.000	0.009	—	—
	合计	1.106	59.00	—	—	—

表5.3对F值进行了方差分析（$p<0.05$），所有值都具有统计学意义，意味着在同一级别的被试内部，在非专业文本和半专业文本当中出现术语遗漏（术语没有被被试从文本中识别出来）的差距非常大。参照表5.1的描述性统计中F的平均值，非专业文本的平均值高于半专业文本，也就是说，相比半专业文本，非专业文本中有更多术语没有被识别出来（即术语被遗漏），这一点与常理（文本越简单，越容易识别出准确术语）的观点相悖。

5.3.2.3　N的方差分析（针对同级别被试在不同文本中的表现）

N的方差分析（针对同级别被试在不同文本中的表现），具体见表5.4。

表5.4　N的方差分析（同级被试在不同文本中的表现）

级别		平方和	自由度（Df）	均方值（Mean Square）	F值	P值
四级	组间	0.013	1.000	0.013	2.297	0.135
	组内	0.326	58.000	0.006	—	—
	合计	0.339	59.000	—	—	—
三级	组间	0.003	1.000	0.003	0.679	0.413
	组内	0.263	58.000	0.005	—	—
	合计	0.266	59.000	—	—	—
二级	组间	0	1.000	0	0.311	0.579
	组内	0.053	58.000	0.001	—	—
	合计	0.053	59.000	—	—	—
一级	组间	0.009	1.000	0.009	4.014	0.049
	组内	0.125	58.000	0.002	—	—
	合计	0.134	59.000	—	—	—

表5.4对N进行了方差分析（$p>0.05$），除了一级被试以外，其他所有值都不具有统计学意义，意味着二、三、四级被试内部查找出非术语的概率几乎相同，但一级被试在不同文本中识别出非术语词汇的概率存在很大的差别。参照表5.1的描述性统计中N的平均值，半专业文本的平均值高于非专业文本，也就是说，相比非专业文本，一级被试在半专业文本中有更多非术语被识别了出来（即非术语被当作术语的情况更多）。

5.3.2.4　P的方差（针对同级别被试在不同文本类型中的表现）

P的方差（针对同级别被试在不同文本类型中的表现），具体见表5.5。

表5.5　P的方差分析（针对同级被试在不同文本类型中的表现）

级别		平方和	自由度（Df）	均方值（Mean Square）	F值	P值
四级	组间	3.927	1.000	3.927	379.207	0
	组内	0.601	58.000	0.010	—	—
	合计	4.528	59.000	—	—	—
三级	组间	2.617	1.000	2.617	323.173	0
	组内	0.470	58.000	0.008	—	—
	合计	3.086	59.000	—	—	—
二级	组间	3.006	1.000	3.006	276.925	0
	组内	0.630	58.000	0.011	—	—
	合计	3.636	59.000	—	—	—
一级	组间	4.035	1.000	4.035	793.349	0
	组内	0.295	58.000	0.005	—	—
	合计	4.330	59.000	—	—	—

表5.5对P进行了方差分析（$p<0.05$），所有值都具有统计学意义，意味着在同一级别的被试内部，在非专业文本和半专业文本当中被识别出部分匹配术语的情况差距非常大。参照表5.1的描述性统计中P的平均值，半专业文本的平均值高于非专业文本，也就是说，相比非专业文本，被试在半专业文本中识别出了更多的部分匹配术语。

5.3.2.5 T的方差分析（针对同级别被试在不同文本中的表现）

T的方差分析（针对同级别被试在不同文本中的表现），具体见下表5.6。

表 5.6 T的方差分析（针对同级别被试在不同文本中的表现）

级别		平方和	自由度（Df）	均方值（Mean Square）	F值	P值
四级	组间	0.493	1.000	0.493	40.043	0
	组内	0.714	58.000	0.012	—	—
	合计	1.207	59.000	—	—	—
三级	组间	2.039	1.000	2.039	127.805	0
	组内	0.925	58.000	0.016	—	—
	合计	2.964	59.000	—	—	—
二级	组间	0.200	1.000	0.200	26.062	0
	组内	0.444	58.000	0.008	—	—
	合计	0.644	59.000	—	—	—
一级	组间	0.351	1.000	0.351	51.237	0
	组内	0.397	58.000	0.007	—	—
	合计	0.748	59.000	—	—	—

表5.6对T进行了方差分析（$p<0.05$），所有值都具有统计学意义，意味着在同一级别的被试内部，在非专业文本和半专业文本当中出现术语被完整识别的概率差距非常大。参照表5.1的描述性统计中T的平均值，非专业文本的平均值高于半专业文本，也就是说，相比半专业文本，非专业文本中有更多术语被完整地识别了出来。

对以上四组方差进行分析，我们得出了以下结论（具体见表 5.7 和表 5.8）。

表 5.7　所有级别被试的 F、P、T 均值

	半专业文本	非专业文本
F		√
P	√	
T		√

注："√"表示均值高者。

表 5.8　一级被试的 N 均值

	半专业文本	非专业文本
N	√	

注："√"表示均值高者。

从表 5.7 和表 5.8 中，我们可以得出以下结论：二、三、四级的 N 值无统计学意义，即这三个级别的被试在两类文本中将非术语识别成术语的情况基本上相同。一级用户在半专业文本中更经常将非术语识别成术语。F、P、T 的情况，具体见表 5.7。被试在非专业文本中识别完整术语的情况优于半专业文本，同时术语遗漏的情况也是非专业文本高于半专业文本，P 的情况与 F 和 T 的情况恰恰相反，被试在半专业文本中识别出部分匹配术语的情况要高于非专业文本。

5.3.2.6 被试在两类文本中术语匹配度的方差分析

针对四个级别的被试进行级别之间 F、N、P、T 情况比较,我们进行单变量检验,数据详见表 5.9。

表 5.9 单变量检验

匹配度	文本类型 (Text Type)		平方和	自由度 (Df)	均方值 (Mean Square)	F 值	P 值
F- 术语遗漏	非专业文本	对比	0.918	3	0.306	18.794	0
		误差	3.777	232	0.016	—	—
	半专业文本	对比	0.138	3	0.046	2.822	0.040
		误差	3.777	232	0.016	—	—
N- 非术语	非专业文本	对比	0.044	3	0.015	4.432	0.005
		误差	0.767	232	0.003	—	—
	半专业文本	对比	0.069	3	0.023	7.007	0
		误差	0.767	232	0.003	—	—
P- 部分匹配	非专业文本	对比	0.081	3	0.027	3.129	0.026
		误差	1.995	232	0.009	—	—
	半专业文本	对比	0.113	3	0.038	4.381	0.005
		误差	1.995	232	0.009	—	—
T- 完全匹配	非专业文本	对比	1.254	3	0.418	39.072	0
		误差	2.481	232	0.011	—	—
	半专业文本	对比	0.038	3	0.013	1.198	0.311
		误差	2.481	232	0.011	—	—

注:每个 F 检验了在每个水平组合内的其他效应的简单影响。这些测试是基于估计边际平均值之间的线性独立配对比较。

从表5.9中可知，在非专业文本中的F、N、P值有统计学意义，T值则无。根据以上描述性统计的数据以及第5.4节得出的结果，可以得出以下结论。

（1）非专业文本中：

F的值：四级＜一级＜二级＜三级；

N的值：一级＜二级＜四级＜三级；

P的值：三级＜四级＜二级＜一级；

T的值：二级＜一级＜三级＜四级。

（2）半专业文本中：

F的值：一级＜四级＜三级＜二级；

N的值：二级＜一级＜四级＜三级；

P的值：二级＜三级＜四级＜一级；

T不具有统计学意义。

基于以上对F、N、T、P数据的比较，将数据用表格的形式体现出来，其中的阿拉伯数字表示均值高低，最高值为4，最低值为1（具体见表5.10和表5.11）。

表5.10　不同级别被试的F和N值

	一级	二级	三级	四级
F非专业文本	1	2	3	4
F半专业文本	4	1	2	3
N非专业文本	4	3	1	2
N半专业文本	3	4	2	1

表 5.11　不同级别被试的 P 和 T 值

	一级	二级	三级	四级
P 非专业文本	1	2	4	3
T 非专业文本	4	3	1	2
P 半专业文本	2	4	3	1
T 半专业文本	/	/	/	/

（3）在同一水平的被试中：非专业级（一级和二级）、半专业级（三级和四级）

F 的值：半专业＜非专业。

P 的值：半专业＞非专业。

T 的值：半专业＜非专业。

一级被试 N 的值没有统计学意义（N 的值：半专业＞非专业）。

从表 5.10 与表 5.11 的数据列表来看，非专业文本中 T 的值最高，半专业文本中 P 的值最高，说明被试在非专业文本中最容易识别出完全匹配的术语，在半专业文本中识别得最多部分匹配的术语。

总体上看，得出以下结论：被试的术语识别能力不因被试等级（语言能力、专门领域翻译和写作经验等）越高而提升。一到四级被试在半专业和非专业文本中识别术语的能力变化不规则，即被试识别术语的能力与译者的等级不相关。从表 5.11 的分析中可以得知，所有等级的被试在半专业文本中识别出完全匹配的术语数量几乎相同，而各等级的被试识别半专业文本文内术语的其他情况——不匹配、非术语、部分匹配的情况则有较大差异，但是与被试的等级不相关，这一现象在很大程度上说明了非专业和半专业级别的被试识别文内术语的能力与被试等级没有相关性。从这样的结果中可以推测，在翻译专业本科和硕士研究生层次教育中存在术语教育的缺失，这造成被试对术语的概念定义不清，甚至将非术语词汇视同术语；同时双语专科词典也缺乏用户友好型检索策略，无法根据用户检索词来提供其真正需要的词条。因此要提高双语专科词典使用效率和效果就需要词典优化和用户术语能力提升双管齐下。

关于被试准确识别文内术语的能力与被试等级不相关的问题，本书对专家组成员进行了采访。专家组成员基于过往使用双语专科词典的经验给出了看法：首先，双语专科辞书，尤其纸质辞书，编纂周期长，所收录的词条中往往还缺乏新词，此外双语词典只提供对应词，缺少该词的搭配与例句，因此对翻译和写作的参考作用十分有限，长期接触这类辞书，译者会对这类词典缺乏信任，进而转向其他渠道获取帮助；其次，这些被试对专科词典使用频率不高，因为他们所具备的翻译能力使得他们经常被安排翻译非专业/半专业文本，这些文本对术语使用准确度要求不高，被试经常受到翻译项目实践的限制，选择不查术语而直接用意译的方式来处理文本中的术语；最后，译者提交给客户非专业和半专业文本，往往只要达到交际目标即可，客户也基本上不会给译者进行术语方面的反馈。长此以往，译者在潜意识里认同了自己不查术语直接翻译的做法。被试在测试卷中P（部分匹配的术语）值比较高的情况也间接说明了这一问题，部分匹配术语指的是译者只识别对了术语的一部分，那么未被识别出的部分，译者则会将其直接意译，比如，"套管式膨胀螺栓"只识别了"套管式"，"膨胀螺栓"由译者自行翻译；再比如，政治外交领域的"新型大国外交"，如果只识别"大国外交"，则"新型"就要由译者自行翻译，最终导致术语被拆分。但是译者如果得不到客户反馈，同时还可以拿到佣金，他们在无形间认同了这样的做法，对术语翻译的需求会被放到更低层面，对他们而言，查词的必要性也就更弱了。

F 与 N 的值相对低，但是我们也不能忽略这两个指标。F 指文内该术语词汇没有被识别出来的情况，即术语遗漏的情况；N 指的是被试将非术语识别成了术语。前者说明被试缺乏专业领域知识，以致于把一部分术语词汇遗漏了；后者说明被试需要术语对照以外的双语参照或者他们需要双语专科词典也提供一部分非术语双语对应词。

至此，我们通过方差分析和单变量检验已经得出了被试的水平和 F、N、T、P 的值不相关。不同级别，不同文本，与四个指标不相关的原因没有再继续探究。因为本书的目标是发现用户对双语专科词典的需求——是否存在这四个指标，以及四个指标与被试水平是否相关，关注的是宏观的相关度，而不是词典使用习得的测验，因此不再进行事后检验（post hoc test）以取得更细致的数据对比，原因已经在本章的 5.3 小节开头部分论述过了。出于参考需要，笔者在本书的最后附上了事后检验数据，具体内容见附录 3。

5.4　讨论

总体而言，被试在非专业文本中最有可能识别出完全正确的术语。从描述性统计中的数据来看，T 值最高。根据表 5.1，在非专业文本中各级被试的 T 的平均值分别为：四级被试 0.5523；三级被试 0.7177；二级被试 0.4383；一级被试 0.5137，总平均值略高于 0.50，即被试识别出完整且准确术语的概率略高于 50%。在半专业文本中，P 值最高，各级被试的 P 的平均值分别为：四级被试 0.5713；三级被试 0.5487；二级被试 0.5283；一级被试 0.6110，总平均值超过 0.55。各级别的被试在半专业文本中 T 值无统计学意义，说明各个级别的被试在半专业文本中识别术语的情况基本上相同，平均值为 0.3500。T 的值在两类文本中，非专业文本中略高于 50% 的平均准确率和半专业文本中 35% 的平均准确率情况说明了汉英双语专科词典的检索模式优化空间还非常大。

P 的值在半专业文本中超过 55%，揭示了被试在这类问题中识别出的术语超过一半都是部分匹配的术语。贝约（2009）主张用户查词就必须能够"从文本中切分出语义单元"。在专科词典中，用户则需要从文本中切分出准确的专科词汇的语义单元。从表 5.11 数据中我们可以发现 P 的值变化非常大（尤其在半专业文本中），而且与用户级别和文本类型相关度低。半专业文本四级被试的 P 值最低，但是 P 值低并不意味着 T 值高，因为 T 值在各级之间相差比较小，也说明了被试等级越高，反而识别出准确文内术语的概率越低，也就意味着用户查词失败率更高。

除了 T 和 P 的值变化大且与文本类型和被试水平不相关之外，F 和 N 的值与被试水平和文本专业度也不存在相关性。F 的值最大差异出现在四级被试识别非专业文本中的术语和一级被试识别半专业文本中的术语。在非专业文本中，四级被试的 F 的值高于其他级别的被试，这一现象说明被试水平越高反而在专业度低的文本中会更经常出现术语遗漏；一级被试在识别半专业文本文内术语时 F 的值最低，这一现象反映了低水平的被试反而更会注重术语问题。专家组成员根据自己以往的经验指出：低级别的被试因为翻译水平偏低，遇到专业点的文本，便需要查找很多内容，其中就包括术语，此时的译者遗漏术语少主要原因是其翻译水平较低；半专业被试，双语转换的能力相对高，也具备了把规定性术语用描述性语言翻译出来的能力，缺乏术语库支持和客户反馈也是造成他们不查找术语而直接进行意译的原因，加上缺乏有效的术语管理机制，笔译员、口译员或技术撰稿人有可能会忽略部分术语的准确性问题，只要他们按意思传达原文本，他们就会得到相应报酬，因此他们会认为自己的翻译方式没有问题。此外，目前国内的语言转换，缺乏适当的质量评估标准（陈香美，2015）；加上翻译业务受到时间限制，译者还要花大量时间来为翻译项目查找其他相关信息，郑述谱（2012）指出译者有75%的时间花在了查找上；再加上双语专科词典又缺乏完善的检索机制来帮助用户发现检索词问题并为词典用户提供准确的词条信息参考，译者也就会放弃查词，转而尝试直接翻译术语。

从总体上看，相同或不同级别的被试，在同类或不同专业度的文本中，N的值相对F、P、T的值要低，意味着被试在识别术语时很少会将非术语识别成术语。但从表5.10中可以发现，将非术语识别为术语的情况存在于所有级别用户识别任一类型文本当中，这也是不能忽视的问题。

5.5　研究启示

5.5.1　术语教育

在5.4节内容中，在与专家组成员访谈中，提到要提高汉英双语专科词典查词的成功率就需要双管齐下——既要优化词典，又要提升词典用户的术语能力，因为通过实证数据来看，被试识别出部分匹配的术语、遗漏术语以及把非术语视同术语的情况还是比较突出的。第一种情况可以通过优化词条检索或提升被试的术语能力来解决，第二种情况则需要更大程度上依赖被试术语意识和能力的提升来解决，第三种情况则更多是关于词典增加非术语词条的收录。无论三种问题通过何种方法来解决，在一定程度上都是由于被试对术语问题的关注不够，无法区分专门领域翻译的术语与非术语造成的。背后的原因在很大程度上是由于术语教育在翻译专业本科和硕士研究生课程中的缺失。从本章测试中，T、P 的值（完全匹配的术语和部分匹配的术语）与被试水平和文本类型相关度差说明了术语教育缺失的问题。

　　将术语教育融入到翻译课程中已经不是一个新话题。在北欧的大学里就将术语学课程融入到专业翻译或者技术交流研究中；在加拿大，术语学被视为翻译学的一部分；在法语国家地区，大学里的术语学课程始于 20 世纪 90 年代，而关于师资和研究人员的培训早在 20 世纪 80 年代就开始了；在德语国家地区，部分大学提供术语和术语研究的最新手册和材料作为翻译研究课程的组成部分；在英语国家地区，术语课程于 20 世纪 80 年代初开始作为其他专门学科领域的组成部分，主要针对翻译研究，并出版了一些手册和指南；在非洲，一些国家在大学层面提供术语教学，学员主要是术语规划人员，在一些大学课程中，术语学是其他专门学科领域的组成部分（劳伦、皮奇，Laurén and Pitcht，2006）。国内也有部分专家学者提出把术语学纳入到翻译专业中（梁爱林，2008；李健民，2010；冷冰冰、王树华、梁爱林，2013；苏向丽、张志毅，2010），但目前专门面向翻译专业开设术语学或者针对其他各专业开设技术写作课程的院校在国内仍凤毛麟角。

5.5.2 对词典学研究和编纂的启示

汉英专科词典用户识别文内术语的问题会直接影响查词的成功与否。专科词典不同于普通语文词典，后者以单个汉字为词目词，下设词目词的搭配词条，而专科词典的词条以术语为词条，这些术语通常都不是单个字成词，因此专科词典用户能否实现成功查词常常取决于用户能否从文本中识别出完整、准确术语。但是根据研究结果发现，用户很难从文本中识别出准确术语。因此我们认为专科词典研究应当关注用户的检索词背后所包含的用户需要，从检索词背后的用户需求来解决专科词典的词条收录和用户实际检索的供需矛盾。

我们认为汉外或者汉语专科辞书的用户研究应多关注用户识别术语的表现，因为识别准确术语是使用词典成功查词的第一步，只有用户的检索词和词典所收录的词条相同，用户实现信息检索的目标才能够达到（此处排除词典词条收录不完整的情况）。根据实证研究结果表明，我们发现用户在识别文内术语时存在识别不全，遗漏和将普通词汇识别为术语的问题，这些问题的存在也直接影响用户查词成功率。专科词典可以通过互联网技术帮助用户解决这些问题。国内当前主要的汉英在线词典，输入一部分词汇，如果一个术语表述的前面部分输入正确，检索系统就会为用户提供一个完整的表达。但是，由于对这方面的理论研究不够重视，当输入一个术语表达的中间部分或结尾部分时，词典的检索策略无法提供完整的词条选项。在研究中发现，被试还存在把普通词汇识别成术语的问题，这表明用户希望从专科词典中获得非术语（即普通词汇）的查词帮助。这给专科辞书研究提出了一个极具挑战性的问题：如果将普通词汇收录到专科词典中，那么专科词典跟普通语文词典还有分界线吗？即使打破词典的分类规则而将普通词汇收录到专科词典中，专科词典和普通语文词典也不一样。如何解决用户对非术语的需求问题？这些问题是值得继续关注的。

5.6 本章小结

本书关注的是非专业和半专业级别的专科词典用户，主要聚焦词典的交际功能，即翻译和技术/专业写作。利用不同专业度文本对被试进行文内术语识别测试，可以发现在任何文本类型中，被试都达不到100%识别出完整准确的术语。在两类文本中，被试大致能够从非专业文本中识别出50%的完全准确术语，而在半专业文本中的准确率比较低，部分准确术语在50%左右，被试识别术语的能力与被试的翻译水平和专门领域知识掌握程度无关。此外，还存在一部分术语遗漏以及将普通词汇识别为术语的情况，二者也占了一定比例，虽然不高，但也不容忽视。因为两个指标不仅反映的是用户问题，从中还可以折射出用户的真正需求：用户需要通过检索把术语识别出来，以及在专门领域的翻译和写作中有非术语的查询需求。为了解决这些问题，本书提出了一些方案，如加强译者的术语教育，利用在线词典相关技术来优化词典检索策略等。

本章节的实证研究结果与常理相悖，但在很大程度上反映了用户在真实词典使用情境中的需求。与直接调研用户需求不同，本书通过发现在查词上缺少什么来发掘用户需要什么。笔者认为辞书编纂人要越过词典用户的表面需求来发现其真实需要。在本书中，用户从文本中识别出术语并将其作为检索词在词典中检索，表面上用户的需求是检索词的对应信息，但实际上，用户是为了处理特定文本（翻译或写作文本）而查双语专科词典，他们的目标是要提供准确术语，保证文本的准确性和专业性，所以用户希望通过检索词，哪怕检索词有误，也希望词典能够给出正确术语及其对应词相关信息（例句、搭配、变体等），这才是用户查词的真正需要。汉语或汉外专科词典词条不同于普通语文词典中词条设置在词目词之下，其词条往往是短语型术语，甚至语篇型术语。在检索策略上，要以用户为中心，从用户实际使用词典情境进行实证研究，并在此基础上加入专科词典学家的编纂反思，才能够真正发现用户需要什么。

本章节的研究结果证实了第四章提出的研究假设：汉英双语专科词典用户有非术语查询和使用的需求、用户对双语专科词典的信任度低以及用户存在文内术语识别错误导致的词典查询问题。本章节开头部分提出了词典用户在词典使用过程中出现检索词与词典词条的矛盾问题，并通过实证研究得出的关于F、N、T、P四组数据也进一步支持了该观点。对于其背后的原因，笔者认为词典用户使用普通语文词典时不存在此类问题，而使用汉英双语专科词典时则存在检索词与词典收录词条的偏差矛盾，原因在于专科领域所涉及的专科知识，汉语言语义边界模糊的特点，以及用户使用普通语文词典所养成的词典使用习惯。下一章节，我们将立足这几个方面进行寻因溯果。

第六章　原因分析

本书的主体第四、五、六、七章是四个相关联的研究。第四章是关于用户需求的先导性问卷调查，并得出一些假设性结论；第五章则是为了验证第四章的假设结论而进行关于用户术语识别能力的实证研究。通过第四、五章的假设结论——实证证实研究，本书得出关于词典用户识别文内术语的问题，以及用户术语识别能力与文本类型和用户水平的相关度。本章节将对第四、五章中发现的问题进行寻因溯果，为第七章关于如何优化词典检索机制进行研究作铺垫。本章节主要从土木工程领域的特点，汉语语义边界模糊的特征以及专科词典用户过往使用普通语文词典的习惯这三个角度出发来分析第四、五章的发现。

6.1　汉外专科词典中的汉语术语

不论是土木工程专业领域的翻译还是技术/学术写作，术语都是一个重要的问题，但不是该领域的唯一问题。斯瓦莱斯（Swales，1971）从语法、词汇语法、排版、引文、表格和数字等角度指出专业写作与普通文体写作的差异；塔隆等（Tarone et al., 1981）研究了科技文本中的被动语态和时态的使用，阐述了科技文本与普通文本的差异；纳奇（Nagy, 2015）指出专业领域的语言包括术语、特定语法，其具有特殊性。专业领域的翻译和写作除了术语之外，还有其他内容。由于研究主题是双语专科词典中的汉语词条，因此本书将集中在词条方面来看专门领域语言特点。

关于专门领域文本中的汉语术语，可分为"一字词"和"多字词"（吴云芳 等，2003；何绍义，1997；祝清松、冷伏海，2012），或单字术语（冯志伟，2009a）和短语术语（冯志伟，2009b）。在国际术语学界，特默曼（2000）将术语分为3种类型：简单术语、多元素术语和短语型术语；赛西尔等（Cécil, et al., 2001）将术语分为单词术语、复合术语和短语术语，这些术语基本上都是固定的多词表述——通常称为搭配，此类构词方式给译者或技术写作人员带来了很多问题。

汉语术语中的字和欧洲语言中的词不同，在语言构成上，字是比词更小的语言单位，比如，"科技：science""技术：technology"。此处不讨论字与词的差异，从术语的汉字数量来看，汉语术语可以分为单字术语和多字术语。单字术语貌似不会构成查词问题，但文本中的单字术语与多字术语一样，在句子中语义界限不是很清晰。像"梅花卡头""硅酮结构胶""女儿墙外排水""补间铺作""隔架科""花头子"这些词本身易被混淆，而当它们存在于文本之内，则前后与各类词汇结合在一起使用，更容易混淆了，因为汉语不像欧洲语言那般在词汇之间存在语法词——语义界限明显。造成汉语语义界限不明显的原因将在下一节中进行说明。

6.2 汉语词汇的典型特征

6.2.1 复合构词

"只要 3755 个汉字就可以满足计算机自然语言处理使用,但这不意味着汉语中只有 3755 个汉字。在汉语中,单个汉字的意义不是固定的,它们会和其他汉字组合在一起形成较为固定的语义。与其他字灵活组合是汉字的特点,单个汉字可以自成一词,但是大多数情况下,汉字会和其他汉字组合在一起形成新的词组。"[①] 于海阔和李如龙(2011)通过对《现代汉语词典》调查发现单字词条占总词条数的 5.84%,由两个汉字组成的词条占 82.91%。尽管汉字总量不大,但是 3755 个汉字可以相互组和成新词。汉字能够灵活组词的特点也让汉字具有能产性。

组词是汉字最能形成新词的途径(塞卡尼奥、巴斯卡诺,Ceccagno and Basciano, 2007); 汉语词组中有 75% 以上是由两个或三个字组词而成(中国语言教育研究院,1986),因此汉语母语者只要知道汉字是如何结合在一起的,他们便可以理解新词,尤其遇到复合词而且又只认得其中一个字的情况(刘菲尔、麦克布莱德,Liu and McBride-Chang, 2010)。75%~80% 的汉字词都是由两三个字组合而成的(帕克德,Packard, 2000;邢志群,Xing Zhiqun, 2006)。总体而言,汉语中复合词组的数量可达 82%(徐瑶达、伯拉赛克、波特,Xu Y, Pollatsek and Potter, 1999)。最明显的就是对《现代汉语词典》(2002)的调查,

---

[①] Yang Jingmian, Wang Suiping, Tong Xiuhong and Keith Rayner, "Semantic and Plausibility Effects on Preview Benefit during Eye Fixations in Chinese Reading," *Reading and Writing*, no.4(2015): 1034.

发现有95%的新词都是复合词（塞卡尼奥、巴斯卡诺，2007）。通过以上论证可以发现，复合组词是汉语言最突出的特征。

6.2.2 组词灵活

几个汉字可以组成新的词，也可以是词组之间组成新的词。例如：把"科"和"学"组合在一起形成"科学"，而"科学"又可以与"技术"组合在一起形成"科学技术"。除此之外，"……汉字还具有组词灵活的特点，一个字可以与另一个字互换位置组词。"[①] 经常出现类似以下例子的情况："学科"和"科学"、"实证"和"证实"、"音乐"和"乐音"、"床上"和"上床"、"下楼"和"楼下"、"生计"和"计生"、"光亮"和"亮光"、"水井"和"井水"、"语用"和"用语"、"女子"和"子女"、"顶楼"和"楼顶"、"愿意"和"意愿"、"往来"和"来往"、"食肉"和"肉食"、"子孙"和"孙子"、"生人"和"人生"、"语言"和"言语"、"由来"和"来由"、"说明"和"明说"、"爱心"和"心爱"、"石阶"和"阶石"、"组词"和"词组"、"祖先"和"先祖"、"房租"和"租房"、"牛奶"和"奶牛"、"女儿"和"儿女"、"上天"和"天上"、"报喜"和"喜报"等。

汉字的这种复合组词方式与欧洲语言大不同，汉语在字与字以及词与词结合上非常灵活。汉语母语者在习得母语之初所接受的训练就是组词练习，通过组词练习来获得新的语义、扩充词汇量，进而扩大汉字的使用范围。正是因为组词，汉字才是能产的。但是汉语的字、词之间能够灵活组合，最终也导致了语义边界的模糊，因为词与词之间可以组合，字与字之间也可以组合，而当这些都存在于文本当中时，语义界限也就不明显了。

---

① 张维友:《英汉语对比研究中的词素比较》,《四川外国语学院学报》2006年第1期。

6.2.3 语义边界模糊

汉语语义边界模糊是汉语语义的一大特征；英语的书写模式是词与词之间存在空格，而两个标点符号之间的汉字则不存在空格，这样一来，要从文本中进行语义切分显得比较难（李宝安等，2015）。英语的每个单词都是一个独立的个体，书写的时候两两之间要有空格，但是汉语则没有，这样的问题导致了语义切分时边界的模糊性（蒂罕等，Teahan, et al., 2000；陈爱涛等，Chen et al., 1997），西方语言中不存在这种现象（吴建平，Wu, 1998），同时，汉语词汇经常有好几个汉字组成，每个字既是组合体又是独立体，因此存在歧义问题。蒂罕等（2000）、陈爱涛等（1997）、巴蒂诺（Badino, 2004）也都提到了汉字的书写模式是一整串连续字符，语义群切分是比较大的难题。在自然语言处理领域，汉语文本经常需要先分词再进行文本处理，这也是汉语与欧洲语言最大的不同。汉语语义边界模糊，如果是多字组成的专门领域文本内术语，语义边界就更不明显了，而单字术语则很可能与周边的字或者词组结合在一起形成新的语义单元，也导致语义切分不准确的问题。

6.2.4 汉英语言中上下位词的差异

于海阔和李如龙（2011）根据北京语言大学语言教学研究所发表的《汉语词汇的统计与分析》，以及对《现代汉语词典》的随机分析指出复合词在汉语中占70%；根据杜普伊（Dupuy）统计，发现英语的单纯词占45%，复合词仅占25%。英语的单纯词比汉语的单纯词所占比例高，而汉语的复合词比英语的复合词所占比例高。除了语言本身的特点，这一现象还因为汉语中的上义词比英语多。因为汉语的特点是归纳，而英语的特点是描写（段仙惠，2008；丁海阔、李如龙，2011），详见以下例子。

笔：钢笔，铅笔，粉笔，蜡笔

会：晚会，宴会，研讨会，集会

酒：啤酒，葡萄酒，鸡尾酒，香槟酒

机：照相机，拖拉机，收音机，打印机[①]

汉语因为有较多上位词，在专门领域上位词需要与其他词复合来形成准确的语义单元，来满足专门领域对语言准确性的要求。例如，土木工程中的所有操作实践被统称为"施工"，这是土木工程的专用术语，它可以指"浇筑""焊接""砌筑"。但要考虑专门领域用词更精确的要求，像这样的词必须与其他词结合起来，以指称一个更精确的概念，例如，"混凝土施工"（混凝土浇筑），"焊接施工"（焊接）和"砌体施工"（砌砖）。如果不与其他词结合在一起，那么"施工（work）"这个词指什么也就无法确定了。

6.2.5 小结

与英语相比，汉语的特点是复合词比例大，语义中上义词多，这意味着汉语在很多情况下需要依靠复合来实现精确表述，再加上汉语语素灵活，可以实现字与字、词与词的组合。因其受最典型的复合组词的特征影响，特别是阅读专门领域文本时容易出现语义切分的困难，正如雷昂纳多（Leonardo，2004）所说，汉语词汇识别的困难来自于汉语书面中非常普遍的现象——语义边界模糊。这导致一个汉语句子可进行多种语义切分，标记也不同。将在下一节中讨论这个问题。

[①] 于海阔，李如龙：《从英汉词汇对比看对外汉语词汇教学》，《山西大学学报（哲学社会科学版）》2011年第3期。

6.3 使用汉外专科词典查词的情境分析

本书聚焦汉外专科词典的交际功能，根据功能词典学派主张，在专门领域当中用户使用专科词典的情境有阅读、翻译和技术/学术写作。在这三种情境当中，纯粹的阅读与收入没有太大关系，因此时间紧迫感不高。阅读者不会像译者那样要在时间限制之内完成对原文本的理解和译文产出；在阅读情境下，人们只需要理解其中的意思即可。对于汉语为母语的人而言，阅读过程中使用汉英专科词典的可能性很小，但在外语产出的活动中使用汉外专科词典的可能性则非常大。翻译项目不单有时间要求，还有一定程度的准确性和专业度要求。对于译者而言，翻译项目要尽可能及时、专业、规范地完成。那么权威的查词渠道也成了翻译项目所需。阅读和翻译是基于给定的文本，而技术写作是一个无文本参考的过程，由于阅读是进行翻译的第一步，翻译的过程就包括阅读的过程。因此，我们把阅读过程对查词的需求研究纳入到翻译过程的查词研究中。

翻译专门领域文本的第一步是要通过阅读来理解原文本。原文本信息是按照一定的方式组织在一起，在阅读的过程中需要译者紧跟原文本内信息的组织方式：特定语域之下的语步、词汇语法等。换言之，要顺着原文作者的信息组织方式来获得作者所要传递的信息和表达意义，不单要留意句法形态还要注意词汇、短语、小句等。如果没有遵循作者原先设定的意义展开阅读，那么读者则很可能"剑走偏锋"，无法获取作者通过文本想要传达的信息。理解文本信息出错的原因有很多，比如，语用、词义对应错误，句型识别错误等，但是受到文本篇幅的限制，本书将聚焦在词汇层面。因为我们的研究主题是关于专科词典的词条检索，本书中词条主要是术语词条。鉴于术语或出现在文本当中，或要应用到特定的文本里面，从专科词典交际功能角度来看，专科词典的使用情境可以分为无文本情境和有文本情境。以下将聚焦这两类情境进行说明。

6.3.1 无文本情境

在无文本情境当中，技术、学术写作人员需要用目标语言的表述方式来表达自己的想法，这种情境之下的问题便是词汇的不对等，此研究中可以理解为术语的不对等。在双语情境中，词汇的不对等是个大问题（吴建平，1994，2001，2009；周上之，2005；庄恩平，1999；韩江洪，2015；符延军、王启燕，2005；诺德，Nord，2002；吴建平，2004）。在一种语言中，非术语词汇可能会是另一语言中的术语，反之亦然。对于一个母语为汉语的人，想要撰写英文技术文本，内容上可能涉及以下两类情形：用英语写关于英语国家的技术文本；用英语写关于汉语国家的技术文本。第一种情况用户不使用汉英双语专科词典，而后者则会使用。基于本书主题考虑，我们将聚焦第二种情形。在第二种情形之下，突出的问题是语言不对应，或者缺乏对应词。造成对应词缺失的情况有很多。韩礼德（1993）把术语看成"信息包"。根据交际术语学理论主张，不同背景的人们对相同现象的描述不同。专业领域知识是一个信息知识的系列，对于这一知识系列，人们有不同的"打包"方式，像打包行李出差一样，每个人打包的方式都不完全相同。换言之，在信息知识系列中专业领域从业人员有其独有、统一的知识信息包，为了便利行业内部交流而拟定的规范术语，而非专业领域的人们会如何"打包"专门领域的信息知识系列？非专业领域从业人员很可能会与专门领域从业人员有所差异。从汉英两种语言来看，存在术语不对应问题，原因可以归结为两类情形：第一种情形，两种语言的专业人士在专业领域内，对专业知识信息系列"打包"模式不同，例如，在机械制造领域要表达"打开设备舱门，添加物料"，汉语的表述是"开舱，上料"而与之对应的英语表达则是"open the cabin to load"，汉语中的"上料"是专业术语，而英语中的"load"则不是，"上料"一词将"添加物料"打包成了术语，而英译文中"load"实际上省略了"material"；第二种情形，不同语言的专门知识领域存在信息差，因为信息差导致一方有新词，一方则没有新词，此时查找双语专科词典意味着知识信息的流动，信息流动不单带来了新词，同时新词融入新的语言环境，会与周围其他知识信息系列形成新的"信息包"。上文关于打包行李箱的比方，当有新物品需要再装入行李箱的时候，可能会改变原本已经打包好的物品位置。物品打包是打包人的喜好以及箱子的大小，而新词所代表的新知识通过翻译融入另一种语言知识系统（译语知识）当中后会是何种形态？像行李箱中需要装入新东西，怎样与原来的东西放在一起？与译语读者如何打包这一知识点有关，例如，打电话（telephone）这一动作随着当时的新词"telephone"（电话）进入到汉语当中，电话译为"特律风"，但打电话给某人并没有被译为"打特律风"给某人，后来"特律风"改成了"电话"了。

缺乏对应词的问题在英汉语中不是新问题，吴建平（2004）、尹本常等（Cheung et al., 2004）、纳贝班（Nababan, 2008）等学者都关注过这一问题并进行了探讨。在无文本技术写作或者阅读情境中，出现汉英术语无法对应的情况在很大程度上可以总结为：新词（信息差）；用户识别术语出错（术语"信息包"差异）。这间接解释了第五章中的研究发现，用户缺乏专科领域知识导致了信息差，在识别术语时对专门领域信息知识的"打包"不同于专业领域中的术语"信息包"。

6.3.2 有文本情形

如果有文本存在，用户则需要从文本中识别出完整、准确的术语，然后才能在专科词典中查询。但是，正如本章第6.2节提出的关于汉语语义边界模糊的问题，非专门领域需要使用双语词典的人员，例如译者，或者是熟悉专门领域但外语技能偏弱的人员（专门领域的学生）。用户从文本中切分出术语词汇的准确起点和终点作为检索词来查找，即在文本当中要查什么词来实现其完成专门领域文本双语转换任务。思普奥特（Sproat，1996）举了以下例子来说明词典用户切分术语时存在的两种可能性。

"日文章鱼怎么说"可进行如下语义切分：

（1a）日文（Japanese）章鱼（octopus）怎么（how）说（say）

（1b）日（Japan）文章（essay）鱼（fish）怎么（how）说（say）

"我喜欢新西兰花"可以进行如下语义切分：

（2a）我（I）喜欢（like）新西兰（New Zealand）花（flowers）

（2b）我（I）喜欢（like）新（fresh）西兰花（broccoli）

以上两对句子语义切分不同，但都合乎语法而且意思上也都讲得通。

在土木工程中，以"混凝土施工"为例，其英语对应表达为"concrete placement"。这样的情况意味着词典用户需要将五个字完整从文本中识别出来，但是"混凝土"和"施工"两个词组也分别都是术语，而且两个术语的结合也非常灵活，可以组合成"混凝土施工"，也可以是"施工混凝土"。此外两个术语还都可以和土木工程领域的其他词语进行组合，形成新的词组，例如，"钢筋混凝土""混凝土外加剂""混凝土强度"等，"施工"一词也可与其他词语进行组合，形成新的词组，如"焊接施工""分部分项工程施工""施工组织"等。两个词语本身则也是由两个字组合而成，二者甚至还可以拆分为"混凝"和"土施工"。用户如果对专门领域没有足够的知识，则拆分错词组也并非不可能。

朱洁华（2013）指出，在汉英翻译过程中，语义切分要顺应目标语的语义切分模式。专门领域从业人员与非专业人员之间对语义切分会存在差异，专门领域文本中的语义是由专门领域从业人员设定的，要产出译文则需要按照译文语义群来构建专门领域的语义或知识。

总体上看，语义切分的准确与否取决于读者是否能够理解给定的文本，当遇到任何关于术语问题需要查词典时，用户首先要从文本中识别出术语单元，并以此为检索词在词典中检索。但是，由于汉字间灵活的组合造成汉语语义边界模糊，对用户而言，要识别出术语在文本中的起点和终点存在难度。

6.4 专门领域知识的缺乏

在第一章和第二章中，我们也提到了识别术语困难的原因来自于专门领域知识的特点。以本书研究的对象——土木工程专业领域为例，我们生活在土木工程的产品之中，但我们无法知道该产品施工的详细步骤，因为其中有许多隐蔽工程，隐蔽工程不单指建筑物外表，也隐去了我们对它们的了解，其术语以及关联术语也被隐蔽掉了，这些隐藏的内容也就构成了知识的空缺。同时因为知识的空缺，术语词汇在具体语境中的表述也会存在盲点，例如表示"固定、绑扎、捆绑"等有非常多同义词，究竟用哪一个？而这几个词是不是专科词汇？能不能用专科词典来查找？在普通语文词典中，每个词条都会配上例句或搭配，但是目前国内的汉外、外汉专科词典大多编纂成了英汉对照的术语表形式，只提供对应词，不提供搭配和例句。对于普通词典用户来说，他们既不是词典学家也不是术语学家，自然不会有区分术语和非术语的意识，在潜意识里就会认定词典必须为查词服务，用户在专门领域需要查什么，词典就必须收录什么。因此词典用户势必会在专科词典中查询这些非术语词汇。此外一部分具有迷惑性的表述，也会因为文本处理者比如译者，缺乏专门领域知识而将非专门领域知识的语言单元识别为术语，比如，"悬挑梁上侧受拉，下侧受压，箍筋开口朝下"中的"箍筋开口"究竟是什么，因为箍筋是一个方形的钢筋环，本身就是一个开口，而"开口朝下"指的是什么？因为文本处理者缺乏足够的土木工程专门领域知识，所以无法理解什么是箍筋的开口，开口实际上指的是"钢筋接头"，一根特定长度的钢筋加工成方形，钢筋两个端点的汇聚点就是开口。在土木工程领域也有一个"开口"，指的是在墙体或者楼板面开出一个口子，用于管道通路或者排烟等，但此"开口"非彼"开口"。再比如，"用丝攻在小孔内上几颗牙。"此处的"上"和"牙"是不是术语？实际上因为汉语的特殊结构，此处的术语应该是"上牙"（英语对应词是"tap"）因为专门领域知识的缺失也会出现译者无法识别出术语的情况，在第五章中，F指标也正好验证了这个问题。

如果我们像韩礼德那样把术语看作"信息包",那么译者需要对原文本呈现的信息进行"打包"(此处指的不是按照原文文字进行"打包"),以获得相应术语,并以此作为检索词在双语词典中查询。只有当用户"打包"的术语与双语专科词典中术语相匹配时,查词才会成功。实际情况是,译者会因为缺乏专门领域相关知识,将术语遗漏,或者将文本中不理解的非术语搭配视同术语进行词典查询,最终导致查询失败。第五章的 P、F 和 T 指标都很好地证明了这一点。

6.5　普通语文词典的使用习惯对专科词典使用的影响

在第一章中,提到了用户使用普通汉语语文词典和普通汉外、外汉语文词典要先于汉外、外汉专科词典。普通汉语语文词典以单个汉字为词目词,下设以词目词为首字的词条。使用普通语文词典,用户仅需直接用词目词检索,而后查找词条来检索需要的信息。在汉语语文词典之后,因为学习外语的需要开始使用外汉或汉外语文词典。前者以单词字母顺序排列;后者索引方式同普通汉语语文词典。可以说,大部分国内词典用户在使用专科词典之前都经历了长时间的普通语文词典使用,在词典使用中也养成了一定的查词习惯,因为不论汉语语文词典还是英语语文词典,都不需要进行语义切分,在查词方面可以随心所欲,想查什么就查什么;而专科词典在词条形态上不同于普通语文词典,专科词典中词条常常是多字组词而成的术语,用户查词的情形通常都不是手头

155

上有术语表，而是从自己需要处理的文本中识别出这些术语，也就是从一长串汉语字符中切分出准确和完整的术语，切分出的术语必须是词典中收录的词条，最终才能实现成功查词。大多数词典用户既不是词典学家也不是术语学家，不会刻意去考虑普通语文词典和专科词典在词条收录上的差别，而往往会遵循已经养成的查词习惯——想查什么就查什么，凭直觉切分出将查询的语义单元，但是在利用专科词典查词操作中，检索词是否能够匹配词典所收录的词条对查词而言是至关重要的因素。因为前文所提到的用户在文内识别出专科词汇语义起点和终点的困难，加上过往长时间使用普通语文词典所养成的查词习惯，词典用户查词不成功的情况并不罕见，而这种情况的查词不成功往往被词典用户归结为专科词典词条收录不足。第五章的 P 指标正好说明了这个问题。

6.6 本章小结

首先，本章节进一步解答了第四章的问卷调查和第五章关于译者术语识别的实证研究所发现的问题。汉语的一个重要特点是汉字之间能够较为自由地组合成新的词，词与词，词与字以及字与词组、词组与词组都可以灵活组合，也正是因为汉字这一特点，汉语能产性高，但这一特点也增加了词典用户准确识别文内术语的难度。使用双语专科词典的情境经常不是查词者手上有术语表，而是需要从所处理的文本中完完整整、清清楚楚地确定专科词汇的起点和终点，切分出语义单元，并以此为检索词进行词典查询。汉语语义边界模糊这一特点给词典用户识别文内术语带来了不少困难。在第五章的研究中发现了被试识别文内术语存在 F、N、P、T 四种情况，其中 F、N、P 指标也直接说明了汉语语义边界模糊的特点对被试识别术语所造成的影响。

其次，用户还存在专门领域专业知识欠缺，对术语及其搭配不熟悉，误将非术语当成术语的问题。贝约（2010）认为词典使用者需具备一些普适性知识，以便理解定义和基本的元语言内涵，进而从文本中切分出有效的术语单元。在专门领域当中，词典使用者也需要专门领域的普适性知识才能够较好地切分出语义单元。在第五章实证研究中，F 和 T 的指标也说明了这一问题。

最后，国内词典用户在使用词典的顺序先是普通语文词典，接着是汉语语文词典和汉英／英汉语文词典，最后是专科词典。用户在使用双语专科词典之前已经有了很长时间使用汉语和汉外语文词典的经历，已经养成了"想查什么就查什么"的习惯，加上这类语文词典不论在研究还是编纂实践上都比较成熟，词典中所收录的信息能够满足用户"想查什么就查什么"的需求，但是普通汉语语文词典和汉外语文词典的词条与汉语、汉外专科词典的不同，这也意味着当下的专科词典（只收录专科词汇）也只提供专科词汇的检索，不能够随心所欲想查什么就查什么。加上用户大部分都不是词典学家或者术语学家，自然不会去刻意区分普通语文词典词条和专科词汇间的差异，以及术语的定义，他们所关注的往往是词典的查得率。词典用户的关注点和过往的查词习惯也导致了一部分文内术语的识别错误。第五章的实证研究中的 P、N 的指标也证实了这方面问题。

通过以上关于汉语术语的特点，专门领域知识缺乏和使用普通语文词典的习惯带来的查词影响，为前面两个章节的研究发现提供了合理解释，也验证了第三章关于"用户需要"的论证。在问题得到解释以后，将在下一章节提出双语专科词典词条检索策略的优化方案。

第七章　在线汉外专科词典的词条检索优化方案

第一章、第二章、第三章是立足于第三章提出的"用户需要"而进行的逐步推进研究。第四章首先采用问卷调查进行先导性研究，形成结论假设；第五章依照结论假设展开实证研究，以进一步验证第四章所得出的结论；第六章则是对第四章、五章两章的内容进行寻因溯果的分析。本章节将在第四、五、六三个章节假设—结论—归因分析的基础上提出解决方案。

7.1　研究主要发现

通过对词典用户的调查、被试识别文内术语能力的调查及结合归因分析，本书得出了以下结论：被试识别文内术语的能力与他们的语言能力和所掌握的专门领域知识水平不相关；不同水平被试在不同专业度文本中识别出准确术语的情况差异较大，且文本专业度与被试识别文内术语的准确度不相关；用户希望从汉外专科词典中获得一些非术语的双语帮助；用户在大多数情况下不能识别出完整的术语；呈现知识以帮助用户识别出准确的术语也是必要的。这五点是我们在第四、五两章中所发现的。

在这五点中，术语识别不完整的高比率是最突出的问题。根据第六章的分析，这个问题是由汉语语义边界模糊的特点、用户土木工程专业知识的缺乏和用户使用汉语普通语文词典所养成的习惯造成的。用户遗漏文内术语的情况并不突出，经分析主要是因为用户缺乏专门领域相关知识。一般来说，这五个问题在纸质词典中很难得到解决。虽然采用词条参照的方法貌似可以解决部分问题，但是词典中的参照无法解决用户将非术语视同术语进行查询的问题。根据过去几十年的汉外专科词典的编纂实践，目前还没有找到合理的解决方案。但是随着互联网技术在词典编纂上的应用以及检索策略的优化，信息呈现的模式越来越灵活，解决以上五个问题也成为可能。探索这种可能性即是本章的目的。由于本书的主题集中在词条检索策略的问题上，所以提供的解决方案专门针对的是在线词典检索策略。在接下来的内容中，将主要关注用户检索词非完整术语的情形、错误输入或错误拼写的问题、知识欠缺导致的术语识别遗漏的问题、非术语查询问题和术语变体的呈现问题，并尝试为这些问题提供一些解决方案。

7.2　检索词非完整术语的解决方案

本节将一些主要搜索引擎中检索功能与词典检索策略相融合，以解决用户检索词非完整术语的问题。本书将从两个角度来解决这一问题：根据用户确定的检索词为他们提供完整的术语；为用户提供足够信息以便他们确定完整准确的术语。

解决用户检索词非完整术语的问题，首先要清楚用户从文内识别出来的检索词会存在的情况：识别整个词的组合；识别前面部分；识别中间部分；识别后面部分；不能识别任何部分。第一种是理想的情况，指的是用户准确、完整地识别了术语。他们通过词典检索出对应词，只要词典收录足够多词条，检索就不会存在问题。因此，需要关注后四种情况。

海词和有道词典是目前国内使用最广泛也是收录汉语词条最多的两部在线词典，本书将重点关注这两部在线词典的检索策略，并特别参考一些英语在线词典和语料库，进而提供一些检索策略的优化方案。

7.2.1 目前关于检索词非完整术语的解决方案

假设一个词是由"ABCD"四个汉字组成的，对于部分词有四种不同的条件：当只有前面部分被当作检索词时，词典就要提供后续部分。例如，如果确定了 A、AB 或 ABC，则需要 BCD、CD 和 D；当只有中间部分被当作检索词时，词典则需要补齐前部和后部。例如，如果确定了 B、C 或 BC，那么就需要 A 和 CD，AB 和 D，或 A 和 D；当只有末端部分被当作检索词时，词典则需要补齐之前的所有部分。例如，如果确定了 BCD、CD 或 D，那么就需要 A、AB 或 ABC；部分正确与部分错误术语的结合或者正确术语与错误术语的结合。第四种情况的典型例子是术语与非术语的组合，或识别适当术语的中间部分，例如，错误地将"锚杆静压桩"中的"静压"作为术语，而不是将整个"锚杆静压桩"作为术语。

在海词和有道在线词典中尝试搜索了以下土木工程专业领域的术语："硅酮结构胶""埋弧电渣压力焊""混凝土养护"和"大偏心"。先在两部词典中搜索这四个词，以确保它们被列为条目，然后输入前面、中间和结尾部分，对词典所呈现的结果进行对比，结果详见表 7.1。

表 7.1 两部词典的检索对比

	有道	海词
前面部分	有	有
中间部分	无	有
后面部分	无	有

海词词典为前三个问题都提供了解决方案，有道词典只为用前部输入的检索词提供解决方案。然而，我们不能忽视检索过程中出现的以下问题。

7.2.1.1 完整词条呈现过于粗糙且不平衡

这两部在线词典都有在输入前部时提供完整词条的功能。例如，当我们输入"硅酮"时，搜索引擎能够提供"硅酮结构胶""硅酮密封胶"等。然而，并非输入所有词汇的前面部分，搜索引擎都能够呈现出完整术语。例如，在有道词典中，"大偏心"是一个词条，但当输入前两个字"大"和"偏"时，词典并没有呈现出合适词条；在海词词典中，尽管提供了更多的参考，但所呈现的信息并没有被精细处理，而只是从在线词典数据库中呈现出部分匹配的词或表达，甚至没有考虑汉语语义边界模糊的问题，没有进行语义切分。例如，在搜索引擎中输入"大偏心"时，"最大偏心距"被作为候选词出现。"最"和"大"最有可能在一起形成"最大",而供用户参考的"最大偏心距"则将"大偏心"拆分成了"大"与"偏心","最"和"大"结合为"最大"。海词词典已经考虑到了术语呈现的问题,并为用户提供了一个很好的解决方案,但问题是对候选词的呈现不平衡,而且相关词条呈现数量比较少,最糟糕的是没有对汉语术语词条进行语义切分。

7.2.1.2 数据排列杂乱无章

在这两本词典中,同义词排列杂乱无章,术语的变体没有被收录。我们尝试用"硅酮"来查询,看是否提示"硅酮结构胶"。我们以"硅酮"为检索词进行检索,海词词典提供了20个与"硅酮"相关的候选词,"硅酮密封层"和"硅酮密封胶"与"硅酮密封胶"的英语对应词相同,而"硅酮树脂"和"硅酮尸"与"硅树脂"的英语对应词相同。这些同义词在一定程度上可以理解为术语的变体。此问题在于这些变体没有被过滤,而是杂乱地散落在候选词列表当中。以"硅酮结构胶"(亦作"硅酮结构密封胶")为例,称名除了"硅酮结构胶",还有"结构硅酮胶",这两个词实际上指的是同一件事物,它们是同一术语的不同表述。一部词典可以收录"硅酮结构胶"和"结构硅酮胶",也可以收录"硅酮结构密封胶"和"结构硅酮密封胶"。如果要满足用户在不同专业度文本中使用术语的要求,在线词典在收录术语变体方面就必须有足够的广度,收录尽可能多的术语变体,并按照特定规则排列在一起。同样的问题可见"砼"和"混凝土",二者在英语中都指"concrete",而"砼"是"混凝土"的简称。当其中一个词被检索时,词典可为用户提供相关变体,让用户自己确认究竟哪一个词更适合使用。在第四章中,用户对专门领域知识的需求源自他们所处理的文本，术语变体来自用户所处理的文本，通过了解术语变体，也有利于提升用户对专门领域的敏感度，有利于以后查词、翻译或者技术写作。然而，目前在主要的汉英词典中并未发现这种功能。

7.2.1.3 信息过量与信息缺乏并存

除了本节开头提到的那些术语，本书还在有道和海词词典中尝试检索了许多其他术语。但在检索中，出现一个问题：针对词典用户仅识得的正确术语的前部、中部和后部情况，词典检索系统仅对第一种情况给予了参考。两部词典根据检索词所呈现的参考术语分别有：有道词典一屏8个候选词，海词词典则可以呈现两屏共20个候选词。可能是因为两部在线词典都不是专科词典，而且参考词条的呈现容量有限，再加上非专科词条占据了一定空间，因此专科词条呈现的数量就比较少。除此之外，检索系统所列的参考词条排列方式比较杂乱，不按照音序排列，也不按照汉字部首排列。最重要的问题是两部词典所给出的参考词条数量都不够。例如，为了检索"建设方"，在检索栏中输入"建设"，此时系统会呈现出几个词组供参考，但没有"建设方"可供选择。而当完整地输入"建设方"，词典则又给出了"建设方"的对应词，说明词典有收录"建设方"但没有呈现；再比如，输入"施工"以检索"施工方案"、输入"钢筋"来检索"绑扎钢筋"、输入"放样"来检索"放样定位"时也都会出现同样的问题。

海词和有道词典这番词条呈现模式既导致了信息短缺，同时也造成了信息过量，因为每个领域只有很少词条被呈现出来，而用户期待能够有更多参考词条，但系统没有呈现出来。换句话说，有道和海词在线词典所呈现的参考词条经常不是针对某一专门领域，而是给用户提供了很多不相关信息。用户为了找寻他们想要的词条，不得不在参考词列表中滚动查找。此外，检索系统仅针对用户识别术语前面部分情况进行了参考词条的呈现，对用户识别出术语中间部分以及后面部分情况并没有参考词条的呈现，这一情况在一定程度上也加重了信息的缺乏问题。

本书认为在线专科词典在检索系统要具备比较强大的数据呈现能力，能够针对用户识别术语前部、中部和后部情况提供足量的参考词条并能够供用户选用，参考词条要按照一定规则排列，这样用户在查询过程中可以有迹可循，避免烦琐地反复查找。遗憾的是，目前在线词典还没有具备这类功能。

7.2.1.4 部分术语与非术语相结合的问题

第六章已经讨论过，汉语语篇具有语义边界模糊的特点，用户在识别文内术语时，经常会做出错误的语义分割。既然识别部分正确术语的问题很普遍，那么识别部分错误的术语问题也可能很普遍。韩礼德（1993）将术语视为"信息包"，是一种关于专门领域事物、现象等的语言表述。术语被看作"信息包"，其形式是由人们如何"打包"专业领域知识信息而决定的。不同用户有可能以不同方式打包知识信息，像打包行李箱，同样的行李被不同的人会分别打包成不同小包放入行李箱中。让用户掌握足够的知识，让用户懂得专门领域的语言是如何被"打包"成"信息包"的，以便于他们能够识别出准确术语，但正如前文所提到的，所需知识量无法确定。如果必须像读一本书或上一系列课程那样，那么不能识别正确术语绝对不是用户的错。译者要做很多领域的翻译工作，如果他们每次在识别正确术语时，都接受相应的培训或阅读相关的书籍，那么他们将从何开始，从哪本书中获得可以用来解码文中术语的专门领域知识。

关于翻译工作，最理想的情况是，从事翻译工作的人员是某一领域的专家，而且此人在语言上能够切换自如。但实际情况是，目前中国有超过 316 所大学（截至 2022 年）开设翻译硕士研究生专业[①]，302 所高校（截至 2022 年底）开设本科层次的翻译专业（于涛，2022），而这些专业全部列为外国语言文学的下属学科，翻译专业人才的培养按照外国语言文学的人才培养模式进行，没有任何一所学校将翻译专业归属于某一专门领域，翻译人才没有接受专门领域知识系统的培训，译者因此也不可能有足够的术语知识储备以应对可能出现的术语问题。

笔者认为在计算机和网络技术飞速发展的当下，如果有一种办法可以让用户免于额外的学习，那么这种办法就是个好办法。译者关心的是在查阅词典或其他工具书时能够获得关于双语转换工作的解决方案，而不是积累一整套知识信息。第五章已经揭示了用户对知识的需求来自于他们所处理的文本，很少有用户会选择汉外专科词典作为知识来源。所以，将用户识别专门领域术语准确度问题归结于他们没有足够的专门领域知识是没有意义的，因为某些知识可能在翻译完文本后不再被使用了；当然，要求用户具备一定的知识，仅仅是为了使用词典也是不现实的。从用中学，从学中用才是译者对待专门领域知识该有的态度。

7.2.2 解决方案建议

由于汉语语义模糊的特点以及术语存在变体问题，在本节中提出了双词搜索或多字搜索的模式。在一些主流的搜索引擎中，如必应（Bing）、百度

---

① 数据来源：全国翻译专业学位研究生教育指导委员会，2023 年 5 月。

（Baidu）、雅虎（Yahoo）等都配备这种检索功能。在这些搜索引擎中输入，例如，"结构"和"硅酮"，就会显示有这两个字组合的句子。在这种访问策略中，这两个汉语词的顺序可以是随意变换的，"硅酮"可以在"结构"之前，也可以在"结构"之后，这两个字还可以组合在一起，也可能分开。在国内搜索工具中，最突出的实践当属中国知网（CNKI）。该数据库以经过认证的中文学术出版物为基础，允许用户一次检索时提供两个检索词，以查找输入的字或词在特定语言情境中的使用情况，两个词可以是分开的，也可以是合并的，取决于是否存在分开或者合并的情况。这种检索模式的应用给用户带来一定的查词好处，无论是确认检索词是否是术语，搜索术语词条的对应词，还是检索术语变体，甚至是检索一定的知识，都可以通过这种方式。遗憾的是，中国知网数据库针对的是汉语单语数据，很少有双语资料，但这种信息检索策略的模式是值得在线汉外专科词典编纂学习和借鉴的。

中国知网的学术数据库可以通过检索发表年份、关键词、标题、贡献者、资金、主题和接受论文的论文集来源进行访问。它提供了大量选项，其实际上是一部高度个性化的学术用途词典，用户可以多维度获取信息。这种方式可以应用到双语专科词典词条的呈现中。我们在搜索引擎中尝试搜索了两个汉字的组合"螺栓"和"梅花卡头"，并从数据库中发现了两个词组出现在不同的语境当中，存在"螺栓"在前、"梅花卡头"在前、两者紧挨着、中间隔词的情况。两个检索词的顺序是随意的，所有与检索词相关信息都用红色字体突出显示。在这样的检索策略中，用户可以在检索框中输入他们从文本中识别出的两个词或词组，然后查看数据库呈现的内容，从中找出与待处理的文本最匹配的上下文。但这种方法存在一个问题，因为从介绍中发现，突出显示的信息并不像大多数语料库检索工具那样将检索词"串联"（skewered）起来。用户必须在整个屏幕不断查看各个高亮部分，以寻找他们想要的内容。尽管如此，这样的检索模式提供了相对完善的信息呈现方式，其中还包括来源、作者等相关信息。

不仅是中国知网，一些大型搜索引擎也有类似功能。在百度搜索引擎中输入"螺栓"和"梅花卡头"，信息会像中国知网那样呈现出来。唯一的问题是，搜索引擎所呈现的信息数量太大，不仅包括某个句子内部存在两个检索词的情况，还包括一个大型篇章存在两个检索词的情况，因此存在信息呈现过量的问题。由于篇幅限制，前文已经在中国知网的案例中进行了推理，此处不再赘述。

相关词条以这种方式呈现时，用户有机会接触到词条的不同变体。这种检索策略甚至能够解决用户仅识别文内专科词汇的前面、中间和结尾部分的问题，甚至能够解决识别部分正确和部分错误组合术语的问题。在这种检索模式之下，用户可以输入不同的检索词，以及检索词组合来验证其所检索的真正术语的形态如何。这也为满足词典用户对术语变体的需求问题提供了解决方案。

7.3　检索词中拼写错误问题的解决方案

汉字输入可以分为五种，常用的输入方法是笔画输入和拼音输入。前者需要用户熟悉需要打的字，后者仅需要用户了解读音。后者是国内打字输入最常用的方法，因为拼音输入无需像笔画输入那样需要花较长时间来记忆和熟悉键盘的笔画标记，只要学过汉语拼音就会输入，而且拼音输入不需要熟悉字形，只要大概知道其发音即可，而汉语中形声字则占据了很大比例，因此拼音输入更便利。拼音输入的优点，使其更受青睐。但是拼音输入并非没有问题。汉语拼音有四个声调，而目前键盘并没有配置发音选择键来确定声调；与大多数西方语言不同的是，大部分西方语言只需要输入字母即可，汉字则需要在输入字母的基础上再选择声调；汉字同音字多，同音词组也不少，因此打字错误的问题也是存在的。例如，"建筑"和"煎煮"在发音上是一样的，只是声调不同，为此我们必须为这两个词输入相同的拼音——"jianzhu"，如果稍不留神，"建筑"就变成"煎煮"或者"笺注"了。错别字并非完全来自键盘输入错误，经常也会发生在原文本错误当中，有时接收到的原文本中也会存在错别字情况。普通译者因为不太了解专门领域的情况，不一定能够识别得出错别字。

  无论查何种形式的词典，输入词的准确性至关重要。目前这个问题是可以解决的。例如，可以在部分搜索引擎中嵌入检索词校正功能，当输入错误的汉语词语时，提示会不断弹出，输入"见筑学"（其实应该是"建筑学"），"建"被错打成了"见"（两个不同的字读音相同），检索策略根据检索词的情况提供检索词建议或参考。大部分搜索引擎都会针对此类情况提供一些参考词，即使输入错误的汉字或汉字组合，只要这些组合是有意义的词/词组，甚至是术语，也会为用户提供相应的提示。汉外专科词典中能够增设这样的拼写错误校正，为用户查词提供极大的方便。

7.4 专门领域知识欠缺的解决方案

在当今的信息时代，纸质媒体不是知识或信息呈现的唯一方式，承载知识的形式可以是图片、视频、地图或在线课程。人们周围充斥着不同类型的信息，也逐渐适应从各个渠道获取知识信息。对于土木工程这个领域，有很多隐藏的施工项目，非从业专家是无法看到表象之下的内容。土木工程产品与其他日用品不同，体积庞大，造价昂贵，不能通过拆卸来了解其隐藏项目。若仅仅将隐藏工程的内容用文字表达出来，因为缺乏足够的具身体验，读者无法将文字内容与现实中的施工过程联系起来，因此读者会更加疑惑。本书建议在搜索引擎中增设图片检索功能，在信息呈现的必要的地方增加图片或动画，这两种方式可以更形象生动地补充文字信息。

前文提到在搜索引擎中增加多字检索功能，以帮助用户找到更合适的术语。但多字检索功能并不能很好地解决用户因专门领域知识欠缺而导致的术语遗漏或者把非术语当成术语来检索的问题。双语专科词典的用途是给用户提供及时、具体的对应词及其使用信息，但词典实现这一功能首先要提供一个准确术语。然而，本书在用户分析中发现，一部分被试，特别是低水平被试，在识别半专业文本中的术语时毫无头绪，似乎什么都是术语，因为半专业文本对他们来说可能太新（之前没有接触过），专业程度太高了，所涉及的知识都是新的。在这种情况下，他们不可能也无法去找一本专门领域课本，仔细阅读，从中了解信息，因为他们不知道新信息是关于什么的，也不知道具体该参考什么书，哪一个部分。用户的专门领域知识和外语水平需要达到一定程度才能够准确识别术语并进行双语转换，但是用户无法知道自己与这个程度的距离，而且也不知道需要补充多少知识才能达到。而且每个词典用户在充当译者或专业文件撰写人的时候，他们会被分配不同专业领域的任务，或者同一专业领域不同方向的工作，比如，从事土木工程翻译的译者，有时需要翻译一下投标书，有时需要翻译一下合同和法规，有时需要翻译商务信函，他们不可能在翻译每一个领域或者专业方向前都要先将这个专业方向的内容学习了解后再进行翻译。

网络上的信息包罗万象，何须大费周章来编纂词典？互联网部分搜索引擎所附带的功能可以很好地解决用户信息短缺的问题，但网络检索更大的问题是信息巨量，而且信息的真实和准确性都存在问题。对于部分无法辨别信息真实性的初级译者而言，信息的权威性、真实性和准确性更重要。

用户因为专门领域知识的欠缺无法在查询词典时提供准确的术语，词典也就无法相应地起到提供知识信息的作用。那么，如何实现词典为用户专业知识赋能呢？这对词典编纂者来说是一个巨大的挑战。这必须在翻译过程中追踪用户想要什么帮助。塔普（2014）将翻译过程分为译前、译中和译后。这种划分方法是在翻译和词典使用的基础上进行的。译前过程涉及与译文相关的信息或背景信息的查询。但是，一名译者很难在有时间限制的情况下去查好了背景知识然后再开始翻译，而且在翻译一本书或一篇很长的文章时，无法确定精读并记住所有问题，然后开始寻找一些其他信息来补充自己的背景知识，更无法确定补充的背景知识的正确性。译前背景知识查询确实有意义，但太过理想化了。

事实上，译前的背景知识查询在大多数情况下，对大多数译者来说是不太现实的。对于篇幅短的文本，译者可能通过通读文本来了解主要内容，并且查询与该主要内容相关的主题。但对于长篇幅的文本，有时甚至是一整本书，可能需要了解大量的背景资料，以解决潜在的翻译问题。在此情境之下，译者是不可能花很多时间去查询背景知识的，因为翻译项目与收入直接相关，而且有时间要求限制。对于译者而言，他们只有遇到不了解的信息时才会去搜索，这意味着背景调查只有在译者觉得有必要时才会发生，而且贯穿整个翻译过程，不单是译前阶段。在翻译的整个过程中，译者遇到一些问题，便会开始查找，纠正一些错误，继续翻译，如此反复，最后进行校对。这是所有译者都经历过的"翻译—查询"循环，也是大多数情况下最常见的翻译模式。

雍和明、彭敬（2007）指出："在汉译英的情况下，汉英词典和英汉词典一起使用。译者可能很容易找到中文词汇和表达的英文对应词（通常不止一个），但他们仍然需要不时地翻阅英汉或英英词典，以决定合适的词汇，并确保这些翻译对应词正常、准确的使用"。[1] 这也意味着用户在翻译过程中必须在汉英和英汉词典中来回查询正确的双语术语对应词。这说明译者在翻译中只有遇到了问题才会去查询并解决，这样的翻译过程就如同对译文进行假定翻译，然后通过权威的途径，比如工具书等进行验证，也说明译者在译前通常不会特地去了解所有相关知识或信息，毕竟也会存在译前信息过量的问题。根据托马什奇克（Tomaszczyk）作为专业翻译的经验，他在翻译一本书时，有一半的查找工作"不是为了'学习新知识'，而是'确认我自己在译文中的预测'"。[2] 在翻译工作当中，对单词及其用法的不确定性是促使用户使用词典的两个原因。翻译过程

---

[1] Yong H, Peng J, *Bilingual Lexicography from a Communicative Perspective* (Vol. 9) (Amsterdam: John Benjamins Publishing, 2007).

[2] Tomaszczyk J. *L1–L2 Technical Translation and Dictionaries*. In Guy A J T, Hornby M S, Pohl E (eds.), *Translation and Lexicography: Papers Read at the EURALEX Colloquium Held at Innsbruck 2-5 July 1987* (Amsterdam: John Benjamins Publishing Company, 1989), pp.177-186.

所表现的特点是对译文的预测和对预测的确认。当用户认为有必要查阅词典时，他们希望词典能发挥语言裁判的作用，证实他们可以使用某些词。在进行专门领域翻译的过程中，查询词典的工作从识别术语开始。用户也是通过预测来识别术语的，他们会用不同的汉字组合进行多次尝试，以便从词典中确认他们是否找到了准确术语。是否成功识别出准确的术语，不取决于识别的次数和时间，而是取决于文本中术语的正确切分以及汉外专科词典能够为用户提供多少帮助。

从宏观角度来看，翻译过程实际上就是一个"假设—验证"的循环过程。在翻译和技术写作过程中术语查询亦是同理。根据本书研究发现，用户不能准确识别术语的情况占据较大的比例，而用户使用的检索词若无法让其匹配到所需信息，他们则会更换检索词进行尝试。例如用其他汉字组合再进行检索。因为用户识别文内术语过程实际上是基于直觉的假设，他们不确定什么样的表达方式应该是术语，所以会尝试任何他们认为可能的术语，然后通过使用汉外专科词典进行查词验证，尝试找出正确术语。用户查询汉外专科词典上最有可能的做法就是——根据直觉把自己所不熟悉、不太理解的汉字组合视同为术语，然后查词尝试验证自己的直觉判断。在实证研究中，N（非术语）指标也正好说明了这一问题。因此，对于一部汉外专科词典来说，它要能够帮助用户进行验证，还得快捷地验证，换言之，减少用户尝试的次数。从这一角度可以得出以下结论：当用户在词典中多次尝试术语时，他们希望从词典中得到答案——他们是否识别出了准确术语，以及该术语的对应词。关于术语问题，用户当然希望汉外专科词典能进行确认；但对于非术语，他们也希望词典为他们进行确认。因此，还有一个值得注意的问题：用户将一些非术语认定为术语，并在词典中查询，希望从词典中确认是否是术语以及其对应词；非术语往往没有被收录到汉外专科词典中，但这些非术语词汇则又是用户需要查询的内容。如何解决这一矛盾值得词典编纂者深思。可以肯定的是非术语与专科词汇名词一起使用，因其与毗邻的术语有关，用户才误将其认定为术语。既然这些非术语词汇是用户想要查询的内容又与术语有关，那么，这些词汇必定是涉及术语的相关知识。对汉外专科词典而言，这些词给用户补充一部分知识，让其了解到他们不是术语，只是跟术语有关的描述、动作等。汉外专科词典的词条信息的呈现，可以对隐蔽工程相关内容增设动画，用图片加文字的方式来帮助用户了解他们所查询的词语，以及与术语的关系；对于这些非术语词汇，可以确定是查普通语文词典还是术语的搭配，从而提高词典成功查询的几率。

对于译者来说，最实用的方法是为他们提供足够的信息帮助他们理解、翻译和撰写专门领域的文本。在这一节中，本书建议在线词典融入一些与隐蔽工程相关动画，以减少用户在专业领域经验知识的不足而造成的术语识别错误、术语遗漏等问题，具体如图 7.1 所示。

图 7.1 是对中国传统建筑样式——斗拱的视频分解。它是传统建筑中典型的梁柱支撑样式，由大量木榫卯拼接一起形成的支撑系统组合。其中由形状、功能不一，名称完全不同的斗和拱构成。要用文字来解释斗拱显然比用图片或动画来解释要困难得多。如果用户可以通过视频或动画来了解斗拱，不论对增进用户知识，还是促进翻译或技术写作将大有裨益。正如前面章节中多次提到的，土木工程是一个有很多隐藏项目的领域，对外界是保密的。增加一些图片或动画信息，不仅可以使用户受益，而且还有助于词典编写的优化。目前

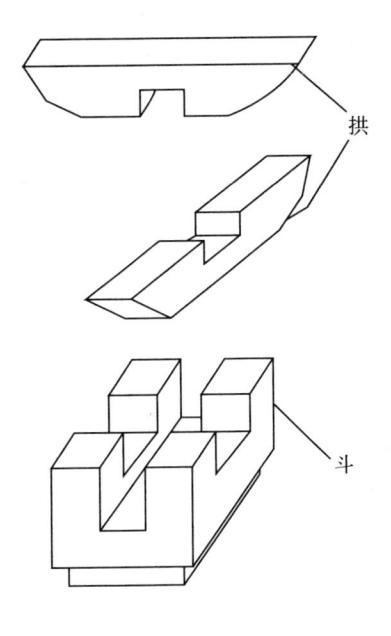

图 7.1　斗拱构筑方式分解

纸质词典中也经常把图片信息纳入到词条或者附录页当中，在线词典容量大，检索方便，不单是图片的形式，还有动画、视频等均可纳入在线词典当中，用图文共现方式来呈现词条信息。

7.5　非术语问题的解决方案

除了上面提到的情况以外，还存在某些普通领域的语言表述也可能被一些词典用户视为术语的情况，并且在专科词典中可以查询这些词汇。像"vice versa（反之亦然）""facade（外观）""as per（根据）"等都属于这种类型。这些词在普通语文词典中均有收录，不是术语但也会出现在专门领域的语言当中。第一章中提到，专门领域的语言与普通领域的语言有一定重叠。专门领域的专业人员有两种属性，即社会属性和专业属性。双重属性决定了这些人的语言既具有专门领域语言特点，又具有普通语言领域特征。这些词汇会出现在某个专门领域当中，同时也会出现在其他领域当中，所表达的意思并无差别，在普通语文词典中也都可以查到这些词及其相关信息。

还有一部分是与术语搭配使用的非术语词汇，这些词汇也是用户在查词典的同时会查询的内容。这些术语的搭配词并非术语，用户之所以需要在词典中查找这些词是因为用户缺乏专门领域知识，不知道特定术语所指称的事物、对象或现象是如何形成的。这一问题的解决，需要词典提供给用户一定的知识信息呈现。在目前中国的土木工程行业中，为了方便教育和信息传递，所有的一般建筑过程都被分解成不同步骤，这些不同步骤都有手册，还有图片甚至视频供教育使用。总的来说，将这些材料融入到在线词典当中仅仅是技术问题，一旦词典中附带了这类信息，译者会有更多的具身体验，从而更有能力识别与术语相关的信息。此外，用户会把非术语当作术语并尝试在专科词典中查询，就如同他们使用普通语文词典查词那般。但是，暂时不能像对待术语那样将这些非术语收录到汉外专科词典中。这些非专科词汇一旦被收录到专科词典当中，无疑就混淆了专科词典与普通语文词典的收词规则，给专科词典带来巨大的编纂困难。另外，不同用户对非术语的需求不同，某些文体以达意为主，还有一些文体更注重专业性，而且非术语的使用并不像术语那样频繁，其中一些可能只出现在特定语境中。换句话说，这些非术语（语法虚词除外）的使用频率还不足以被称为专门领域词汇。那么，这些非术语在电子词典中应该如何呈现？

如何检索才算合理？

非术语与术语一起使用是因为它们与术语有关，二者的关系类似搭配。本书建议把这类词汇结合图片、动画、文字信息一起纳入到词典当中，在术语知识框架之下呈现。此处以第五章测试卷中的句子"简支梁上侧受压下侧受拉"（即简支梁的上部分受压力，下部受拉力）为例，具体如图 7.2 所示。

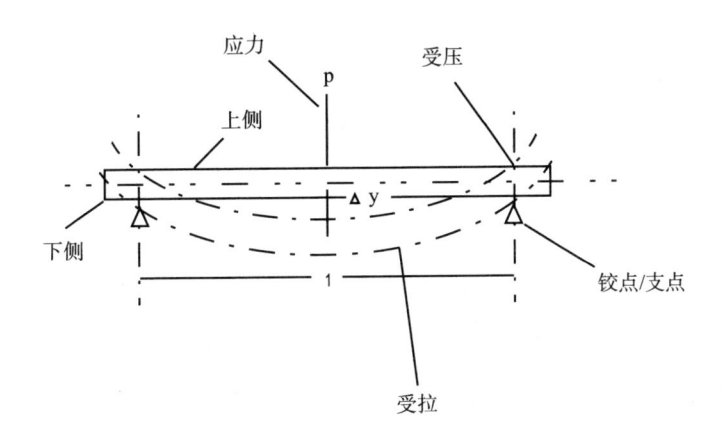

图 7.2　简支梁受力图

很多词典用户会把"上侧""下侧""受拉""受压"当作术语，但如果把这些词视作术语，则这些词的定义也无法确定，因为"上"和"下"、"受拉"和"受压"的意义随语境变化很大。但这些词或表达方式应该被纳入"简支梁受力图"定义框架下。为了使用户在任何相关语境中都能使用该图，该图应被安排在"简支梁"定义下，并标上所有相关词或表达，"受力图"、"上侧"（上）、"下侧"（下）、"受拉"（拉）、"受压"（压）。由此，词典用户就可以通过单字或多字检索功能来访问该图，了解更多关于"简支梁"的信息。不过，对于那些具有较高专业知识的译者或者能够胜任双语写作的人来说，图示信息可能没有必要，但本书建议将其作为词典用户的一个选项。事实上，将一些非术语纳入双语专科词典中并不是一种全新的做法。我国最早的土木工程汉英双语专科词典——《新编华英工学字汇》，出版于1915年，其中就提到非专门领域词汇与术语搭配程度也被收录到词典当中。

7.6 检索术语变体的方案

在本章第7.3节中，提到了术语变体，同时探讨了增设图片或动画检索以帮助用户解决术语和非术语问题的可能性。从技术上讲，多字检索策略和图片检索可以快速帮助用户找到对应信息，但它也可能给用户带来更多问题，例如更多的术语变体，以及最终导致的信息过量，更多变体的呈现是有利于解决技术写作中所遇到的不同语境下的术语变体问题。

当人们开始写作时，他们对术语选用是基于源语言的。他们先预测可能要使用的词，然后从双语专科词典中得到确认。因此，词典必须为他们提供建议，告诉他们哪个更好，哪个不适合。例如，甲型肝炎在中国大陆被称为"甲肝"，而在中国台湾地区被译为"A肝"。像这样的问题经常发生在专门领域文本中。对于这样的变体，本书建议在条目词下增加术语变体信息，供用户参考，这样用户就可以根据术语所使用的上下文语境做出选择。但是，关于如何突出不同专业度的术语变体，如"箍筋开口"和"箍筋接口"，词典也应该根据使用频率给出相应使用建议。当然，仅根据词条使用的频率来检索，也容易发生一些意外情况，比如，一些过时的技术文本中的术语变体，可能在相关文件中出现频率很高，但在最新的用法中已经被淘汰。因此建议定期更新在线词典的数据库，做到利用好数据库，同时与专门领域人士一起定期对语料进行标注维护，让词典用户能够用上最新信息。

7.7 词条检索策略的建议

7.7.1 从语境中获取词条

词条信息检索的传统方法是向搜索引擎输入检索词，然后词典根据检索词情况呈现相关信息，这是目前在线词典中常见的做法，类似纸质词典的查词模式，其缺点是用户和词典之间的互动性差。基于交际术语学（卡布蕾，1999）的理论主张，术语在不同交际情境（包括交际对象、交际方式和交际场域）中存在的形式不同。换句话说，术语是基于情境的，所以是情境决定了术语的变体形式。因此，术语最好要通过上下文语境来访问词条，而不是传统的通过词条进入词条相关的上下文检索方式。通过从语境到词条的检索模式，词典可以帮助用户在同一时间识别、确认、验证和选择准确的术语。通过多字检索技术，词条变体将在数据库中呈现并被突出显示。但是通过上下文来定位词条，可能需要对搜索结果进行一些重新排列或过滤；否则，搜索到的信息就会被打乱，用户需要在所呈现的所有信息中逐一寻找自己需要的内容，特别是当多字搜索模式被应用于检索策略中时，会有大量相关程度不同的语境被呈现出来。本章第 7.2.2 节是关于如何验证用户检索词与术语的匹配程度，用户通过比对与自己所处理文本最贴近的语言语境，从中选取符合自己需求的术语，通过点击这一术语获得与之相关的信息。这样的检索策略，用户能够同时从词典中确认、选择、获取词条最相关信息，进而查询到自己真正想要查询的内容。但是就通过上下文语境访问部分词条以获得完整词条而言，还存在信息过量问题。尽管存在信息过量问题，但多字检索对用户来说会更容易找到术语的变体。下面是两个通过上下文语境用多字检索功能检索词条的例子。在中国知网的多字检索中尝试搜索了"螺栓"和"梅花卡头"，以及"硅酮"和"结构"，并在信息过量情况下对呈现的信息进行了重新安排，将检索词"串联"（skewered）在了一起。本书列出了未经整理的信息和经过整理的信息，以便进行对比。以"螺栓"和"梅花卡头"为检索词所获得的未经整理的信息呈现方式，如下所示。

（1）螺栓尾部梅花卡头断头梓断后即表明终梓达合格标准……

（2）第 2 次紧固为终拧，终拧时应将高强螺栓梅花卡头拧掉。

（3）终拧时直至高强螺栓的梅花卡头拧掉为止。

（4）拧掉螺栓尾部梅花卡头此法运用于扭剪型高强度螺栓。

（5）终拧时扭剪型高强度螺栓应将梅花卡头拧掉……

（6）螺栓尾部梅花卡头未终拧掉的螺栓不超过总数的 5%。

（7）螺栓尾部梅花卡头均在终拧时拧掉。

以"螺栓"和"梅花卡头"为检索词所获得的经过整理，将相同内容"串联"在一起的信息呈现方式，如下所示。

（1）螺栓尾部梅花卡头断头梓断后即表明终梓达合格标准。

（2）拧掉螺栓尾部梅花卡头此法运用于扭剪型高强度螺栓。

（3）螺栓尾部梅花卡头未终拧掉的螺栓不超过总数的5%。

（4）螺栓尾部梅花卡头均在终拧时拧掉。

（5）终拧时扭剪型高强度螺栓应将梅花卡头拧掉。

（6）第2次紧固为终拧，终拧时应将高强螺栓梅花卡头拧掉。

（7）终拧时直至高强螺栓的梅花卡头拧掉为止。

从"螺栓"和"梅花卡头"的多字检索例子中，不难发现"螺栓尾部梅花卡头"是一个高频出现的短语型术语词语，在所检索的词典中不存在术语变体。对高频术语部分，本书将所有检索出来的语境信息都用检索词进行串联。对比两个版本的语境数据呈现方式，经过检索词串联的语境列表按照相关度高低进行了排列，更有利于用户查找合适的语境，验证自己的检索词是否是术语。

以下是基于"硅酮"和"结构"两个检索词检索后获得的未经检串联的语境信息，具体内容如下所示。

（1）试验箱体的密封采用中性硅酮结构密封胶。

（2）半隐框玻璃幕墙所用结构硅酮胶。

（3）Ⅱ级结构……扣件结构硅酮胶货钢化突拉层玻璃Ⅲ级杆……结构信息分类。

（4）选择采用聚硫胶或硅酮结构胶。

（5）硅酮结构胶相容性检测。

以"硅酮"和"结构"这两个检索词检索，再经过串联后重新排列如下。

（1）试验箱体的密封采用中性硅酮结构密封胶。

（2）选择采用聚硫胶或硅酮结构胶。

（3）硅酮结构胶相容性检测。

（4）半隐框玻璃幕墙所用结构硅酮胶。

（5）二级结构……扣件结构硅酮胶货钢化突拉层玻璃Ⅲ级杆……结构信息分类。

从"硅酮"和"结构"搭配案例中，可以发现"硅酮结构胶""结构硅酮胶"和"硅酮结构密封胶"都属于术语的变体。在以上检索示例中，所有信息都被检索词串了起来。通过对两种排版模式的对比，可以发现，后一种排列模式，以某一个高频词作为串联词汇更有利于用户识别他们想要和需要查询的内容。通过这种形式的信息呈现，用户可以大概率找到与他们所处理的文本最匹配的上下文，并选择潜在文内术语或其变体，然后相应地点击访问。

通过语境来定位一个词条，有助于解决双语转换中缺乏对应表达的问题。在不同语域之内存在语言表述上的差异。在一个专业领域中的术语词汇在另一种语言中可能不会被当作另一种语言的术语。例如，汉语中的"上料"（添加材料/东西）一词在英语中是一个非术语——"load"。这意味着"上料"在英语中可能没有正式的术语对等表达。对于这样的情况，本书建议将那些在汉语中属于非术语但在英文中属于术语的条目词也收录到词典中。这些词入典不仅可以帮助用户查词，而且有助于语言表述在目标语言中的标准化。

从特定语境中寻找一个词条，并通过特定语境进行定位，这要求对语境中的所有词条都要进行分词并根据分词情况建立超链接，用户可以通过点击分词后的词条来获取它们的对应词或其他信息，就像在线普通语文词典"WordReference.com"一样。当然，通过语境进入词条检索策略在多字搜索功能下会达到更好的效果，多字搜索功能使用户能够验证和追踪正确的术语。当确定了正确的术语后，用户可以通过词条上下文语境来获得它们的定义、例子、变体。海词词典为搜索到的词条提供了大量语境，但语境中的术语没有根据分词建立超链接，因此也无法让用户访问。

通过语境查找词条，再通过词条找到对应信息，这种检索策略能够有效地帮助用户确定正确的专科词条、术语变体、词条搭配，进而减少很多查词的麻烦。在本书的案例中，用户可以先从文本中识别出术语，或者自行提供术语，并将其作为检索词在本书所提议的检索模式中检索，检索系统根据用户提供的检索词呈现精确或模糊匹配该检索的上下文语境，由词典用户对检索系统所呈现的语境和术语进行辨别，然后选择与自己正在处理的文本语境最吻合的上下文语境，选择其中的术语词汇，并通过超链接获得此术语相关信息。由于这些术语在句子中进行了分词并且附带超链接，词典用户很容易就能检索到与自己想要检索的内容最相关的语境及其中的专科词汇。

这种术语呈现模式在用户和词典之间有更多互动，由译者输入检索词，词典根据用户输入的检索词呈现给予用户与检索词相关语境，其中的专科词条均已经分词清楚并且附上了超链接，接下来是用户选择与自己所处理的文本最相关语境，再通过语境选择术语，词典则根据用户所点击术语的超链接，呈现给用户相关术语信息，如对应词、变体、例句和搭配等。不同于传统的以使用者为主导的查词方式，这种词条检索模式是一种新型的信息检索模式和信息呈现方式。尽管这有利于帮助用户纠正所识别的文内术语、术语变体和纠正错误的检索词，最终可帮助用户获得对应信息，但前文提到的所有情况在技术上都是可行的，但目前没有任何在线词典采用了这种检索策略。

7.7.2　关于术语搭配问题的解决方案

术语的搭配与一般领域术语不同，它们不像一般领域的词汇那样有固定搭配规律，术语的搭配是由特定语境所决定的，这些术语的搭配词在保证文本专业度的作用上是不可或缺的。例如，关于"吊顶"的搭配，单层吊顶和双层吊顶的搭配有"single-tier"和"double-tier"，在也有部分文献使用"single-layer"，二者都能准确达意，但是在专门领域文本当中与吊顶搭配的是"tier"。两者都可达意，但对于技术文件来说，吊顶——"suspended ceiling"必须与"tier"形成搭配，这样的表达既是考虑准确性还考虑习惯用法和属于专门领域约定俗成的表述。这对非专业人士和半专业人士来说，要在"tier"和"layer"之间选择一个准确搭配很可能会是个难题。类似的例子在石灰等级中也同样存在。建筑用的石灰分为"优等品"（Grade Superior）、"一等品"（Grade Ⅰ）、"二等品"（Grade Ⅱ）和"合格品"（Grade Acceptable），其中表示"等级"所用的表达为"Grade"而不是"Class"。

除了以上说到的名词和形容词的搭配，在翻译或者技术写作之时，比较常见的还有"动词＋术语名词"的搭配。土木工程是一个具有很多隐蔽工程的领域，这意味着有一些隐藏在表象之下但又真实存在的事物、现象等，但这些事物或现象在土木工程领域是如何生产的，又是如何被隐蔽起来的，这意味着即使知道这些事物的术语称名和表述，也不知道什么词与之搭配。值得注意的是，与之搭配并能够体现其是如何生产建设出来的词汇——动词，在一定意义上不属于术语，因为它也会出现在其他领域，并且意义可能不会发生变化，因此这些词只是作为术语的搭配，往往不被收录到专科词典中。

这些词突出了土木工程项目中的隐蔽工程，并且也是用户希望从词典中查询得到的。从实证研究中发现被试们在测试中识别出很多非术语，这在很大程度上意味着他们在术语之外还需要一些非术语的帮助。以下是关于这一问题的一些例子。

在土木工程领域，"扎钢筋"的口语体经常表述为"绑钢筋"，"绑"和"扎"两个词与"钢筋"搭配，英文有对应词"bind""tie""fixate""fix"等，哪一个词跟钢筋（reinforcement bar）搭配？看似都可以搭配，但是此处的钢筋是钢筋架或者钢筋笼，而不是钢条（steel rod）或者钢管（steel tube）。这正体现土木工程是一个有很多隐蔽工程的领域。由于这些工程项目的隐蔽性，用户对隐蔽工程某个建筑部件的形成是没有任何概念的，因此用户不知道可以使用哪个词，从这个角度讲，他们也希望词典在这方面——词汇搭配上给予他们一些帮助。同样，"模板安装"（formwork fixing），"钢筋加工"（steel bending）和"模板拆卸"（formwork striking）的情况也一样。安装（fixing）的对应词不是常见的"installing"，加工（bending）的对应词不是常见的"processing"，拆卸（striking）的对应词不是常用的"disassembly"，这些搭配词出现在普通语文领域中，也存在很多同义词，而对用户而言，选择正确的搭配词并非易事。专业领域的语言使用比一般领域的语言使用更精准。对于在该领域的隐蔽工程没有足够具身体验的用户来说，他们可能无法确定应该用哪一个词来搭配术语，甚至会忽略这样的搭配实际上是专门领域中约定俗成的用词习惯问题。对于一些有经验的译者或从事技术写作的人来说，他们可能更清楚搭配的问题，也就更会使用词典来查术语的搭配。根据第四、五章的实证研究结果，高层次的受试者往往较少使用词典，说明他们的语言技能和专业领域的知识可能有助于他们理解搭配和使用正确的词，但也可能是他们忽略了搭配的重要性，从而选择不查词典而是直接翻译。

　　术语的搭配可以从操作手册、技术交底文献和专门领域的管理规范中获得。由于土木工程是一个有很多隐蔽工程的领域，依照相关法律规定，应归档留存建设的过程文件以证明建筑施工合法合规。这些文件是以操作手册为基础，按照规范编写的，在整个建筑期间，所有的建筑操作细节都用文字说明。对于土木工程领域来说，这种类型的文件非常重要，必须在建筑物的使用年限内一直存档，这些文件也是我们获取土木工程类术语搭配的关键。

　　关于专门领域的搭配问题，其解决方案可以参考国内外部分大型语料库的搭配检索功能，比如，Sketch Engine[①] 以及其附带的基本检索功能（详见本章第7.8节内容）以及其附带的词汇搭配检索功能。本书所提出的检索模式并非新技术，其在技术上是可行而且已经被广泛应用。关于解决词典用户将非术语视同术语的情况，本书建议广泛引入术语与普通词汇搭配的信息呈现功能，让用户可以通过检索术语词条获得与其相搭配的非术语词条信息。在国内辞书研究界，词典中词的搭配研究已经不是新话题了，有多位专家如卫乃兴（2002），秦平新（2011），夏立新（2012），夏立新等（2014），程珊、叶兴国（2015），方清明（2015）等都谈到了这一话题。

　　[①] Sketch Engine 是一款基于云计算的强大的语言学习和文本分析工具，专为语言学家、语料库语言学家、译者和语言学习者而设计。其目标在于帮助用户轻松检索大量文本，并通过先进的语料库技术提取所需信息。

7.7.3 小结

词典是工具书，不能够替代人类。词典能做的是帮助其用户处理问题，为他们提供可能的、及时、翔实的解决方案（塔普，2008）。在解决用户无法识别完整、正确术语的问题时，本书建议在在线词典中配置多字搜索功能，同时附带与检索词相关的词汇列表，像大部分语料检索软件那样，可以呈现出词频和对应词频的语境，以便于用户选择从合适的语境进入词条。在此基础上，从传统的检索内容即呈现内容的检索模式转变为用户输入检索词——词典呈现检索词及其相关词汇的语境——用户从词典给予的语境中获得准确术语——用户通过术语超链接获得该术语相关信息，以这种新型的词典与用户双向互动模式来提升查词的成功率。关于非术语，本书提出了包括图片、动画在内的检索模式来进一步了解术语与非术语之间的关系，因为这些非术语与术语一起使用在同一上下文语境中，与非术语最相关的便是与之最接近的术语。因此，本书建议为专科词条提供搭配。

7.8 本章小结

针对前几个章节发现的用户查词相关问题，本章提出了解决方案：将现有搜索引擎的一部分功能融合到在线汉外专科词典当中，并为检索词条相关信息提供优化了的检索方案。关于在线汉外专科词典的检索策略，本书建议尝试将多字检索、错词纠正和图片或动画查询纳入其中，以解决用户由于缺乏足够专业知识而无法识别完整术语、错误输入或识别错误术语的问题。在信息检索方面，本书建议从传统的检索模式：合适的词条—合适的词条上下文，转变为"用户的术语"（用户从上下文中识别出的术语作为在线词典查询的检索词）—"潜在的合适术语"（在线词典提供的上下文，其中包含潜在的合适术语）—"合适的术语"（用户从词典提供的适合语境中选择合适的术语）—"合适词条的上下文及词条相关信息"的模式。根据交际术语学相关主张，术语在不同交际情境（交际因素包括交际者、交际模式和交际场域）中形态不同，换言之，从传统"词条—语境"的查词模式转变为"检索词—语境—词条"的模式，增加用户与词典的互动。新的模式更容易让用户找出术语的变体。这种检索策略要求提供双语语料库，并对语境中的术语进行分词、标记和超链接，让用户可以通过语境来选择术语，通过超链接来获得更多术语相关信息，就如同在线普通语文词典——WordReference 对每一个单词都有超链接，用户可以从语境中链接任何一个单词进入到相关信息当中。不过，该在线词典在汉语分词上还存在不少问题，基本上以小句为单位，没有对小句进行更深入语义切分。除了词条检索策略以外，我们也不能忽视用户希望得到非术语的双语查询问题。在目前阶段，普通词汇还没有被收录到专科词典当中的可能，特别是纸质专科词典，因为专科词典和普通语文词典固有的划分限定了二者收词的范围，将非术语纳入双语专科词典无疑也会混淆专门领域词典和普通语文词典收词的界限。本书建议将非术语纳入术语的搭配之中，利用像 Sketch Engine 这样的语料库具有追踪术语周围最频繁的搭配词功能。不过，它在汉语中的应用还不是很广泛，尤其在专业领域，相关功能在汉语中的适应性还有待发掘。例如，在 Sketch Engine 语料库中输入词条"beer"以后会获得与之相关的部分信息，其中就包括词汇搭配。

设计以上这些检索功能就是为了解决用户在检索双语专科词典的时候存在检索词不匹配词条或者检索词只能部分匹配词条的情况，研究结果也可以广泛借鉴到在线汉外专科词典检索的优化策略中。

汉语具有语义边界模糊的特点，这一特点带来了汉语、汉外专科词典用户不同于其他语言专科词典用户的需求。这一问题目前在国内外汉外专科辞书的研究学界还较少涉及到，也值得继续探究。

第八章 结 论

本章对研究的主要发现进行总结,针对用户在使用双语专科词典过程中的真正需要、从文内识别专科词汇的能力,双语专科词典使用的问题、汉语语义边界模糊的特点如何影响到用户对文内术语的识别,以及针对这些问题的解决方案。本章节还将提到本书研究的创新之处和研究的启示,以及研究的局限与展望。

8.1 主要发现

本书主体包含四个研究,先是通过问卷调查得出结论假设,然后通过实证研究来验证结论假设,接着对已经证实的结论假设进行原因分析,最后提出解决方案。研究的主要发现集中在第四、五两章,第六章是基于第四、五章进行的原因分析,第七章则是提出解决方案。

8.1.1 词典用户识别文内术语的情况

通过实验以及对数据的观察和分析，本书发现，初级学生译者总体上比半专业译者能够识别出更多准确的文内术语，而且初级用户在半专业文本中能够识别出更多准确术语，同时组间差异较大。不同级别被试识别不同专业度文本内术语的表现差异较大，被试识别文内术语的情况与文本专业度以及被试水平不相关。在"门外汉"级别的被试（初级被试）和半专业被试在非专业和半专业文本中的术语识别情况与其翻译能力、专门领域知识水平和翻译经验没有关联。术语是对专门领域知识的表述，但是专门领域知识水平越高并不意味着被试识别文内术语的能力越强。一方面，翻译教育中缺少术语学相关课程，在工作中译者不断模糊术语与非术语的界限；另一方面，因为被试对术语和非术语看法不清晰，在过往使用双语专科词典的时候一定存在因自身问题查不到词的情况（文内术语识别不准确，导致查词失败），译者最终会放弃查词而直接翻译术语，最终导致对双语专科词典的作用产生怀疑，对专科词典的认同感也会降低。因为词典缺乏新词，但是在非专业和半专业文本中，存在新词的可能性十分低，因此用户将查词的失败归因于词典检索策略的不合理：用户识别的文内术语并非准确术语，加上现有的词典，尤其纸质词典，检索策略根本无法纠正用户的文内术语识别问题或者给予一些正确术语的参考。实验中发现多数被试都有识别术语不准确的现象，这是导致用户查词失败的客观原因，也证实了本书的假设。

通过实证研究，本书发现最突出的问题是被试经常不能从文本中识别出完整的专科词汇。用户将术语遗漏以及把非术语识别成术语的情况虽少，但也不能忽略。非术语被识别成术语的问题实际上体现了用户在翻译专门领域文件或者进行外文技术写作过程中也需要查询一些非术语词汇。被试将专门领域文本中的非术语识别成了术语，并在双语专科词典中查询这些词，但专科词典不收录非术语词汇，最终必然查词失败，这也是造成被试对双语专科词典认同感低的另一原因。术语遗漏问题是因为被试对专门领域知识缺乏。专门领域有其特有的表达方式，部分普通领域的词汇可能会被借用到专门领域中，用于表达术语义。不熟悉专门领域知识的被试，很可能会将在专门领域中的非专科词汇按照普通领域的一般词汇来处理。词典用户在专门领域翻译或者外语技术写作过程中的确需要专门领域知识，但若要求用户先掌握一定的专门领域知识，懂得分辨术语以后再来翻译、写作，甚至认为查词典是一个错误行为。在笔者看来，要解决用户文内术语识别和词典词条收录之间的矛盾，可行的办法是优化词典的检索策略来解决用户只能提供部分准确检索词的问题，同时考虑专门领域知识呈现和非术语与术语的搭配以满足用户对专门领域中非术语词汇的查词需求，同时解决可能存在的术语遗漏的问题。

总体上看，研究的主要发现可以归结为三点：被试对汉外专科词典认同感低；被试在专门领域双语转换或者外语技术写作时有非术语词汇查询的需求；"门外汉"级别和半专业级别的被试识别文内术语能力与其翻译水平、语言能力和专门领域的知识水平不相关。

8.1.2 使用普通语文词典习惯带来的影响

汉外专科词典的使用也受到了用户过往使用普通语文词典经历的影响。普通语文词典以单字词目词下设相关词条的方式来呈现信息。词典用户可以根据任意一个词来查找与之相搭配的词或者词组，加上词典中的参照系统，在普通语文词典当中，用户可以随心所欲地查词，想查什么就查什么。另外，普通语文词典无论是理论研究还是编纂实践都比较成熟，可以为用户提供较好的词典使用体验。专科词典中的词条则可以分为单字词和多字词，要实现成功查词，用户往往需要从待处理文本中准确地确定术语词汇在文中的起点和终点，并以此为检索词来获取信息。从词典使用与知识习得的交织过程来看，先是长期使用普通语文词典，习得了语言，然后再使用专科词典处理与专门领域知识和语言的相关问题。对普通词典用户而言，他们不是词典学家，也不是术语学家，自然不会刻意区分普通语文词典和专科词典的不同，使用专科词典查词的过程会遵循以往在普通语文词典中的查词成功经验来查词。部分学者可能会主张用户要具备一定的专门领域知识才能真正做到术语识别无误，确保词典使用顺畅。本书讨论了这种主张的现实可能性。实际情况是普通译者为了生计需要在有限时间内产出专业、合格的译文，而且他们的任务文本所涉及的专业领域范围非常广泛，不可能学习遇到的每一个专门领域的任务文本的知识，与其提升词典用户的专门领域知识水平以提升查词成功率，不如优化词典词条检索策略以便于用户检索。

8.1.3　在线双语专科词典中的查词问题

本书对国内两部主要收录汉外词条最多的在线词典——海词和有道词典的检索策略进行了调查，发现两部词典在检索过程中都存在检索信息过量和不足并存的问题。信息过量是因为词典呈现的信息关联度差，信息量很大但是提供给用户的信息精准度不够；信息不足是指当用户的检索词为非完整术语词汇时，词典无法对其进行纠正或提供与准确术语相关的参考词。此外，词典对术语变体未作呈现。

为解决词条检索的问题，本书提出在线词典的检索策略中应融入多字、多词检索模式，融合主要搜索引擎中的"……"和"……"双词检索功能，以及类似中国知网中的句子检索功能，错别字纠正功能，以更好地帮助词典用户解决检索词不完整的问题。

本书重新设计了词条检索策略，从传统的"合适的词条（用户从文本中识别并在字典中搜索的术语）—合适词条的上下文（双语专科词典呈现给用户）"到"用户术语（用户识别并在字典中搜索的术语）—包含潜在适当术语的上下文（双语专科词典根据检索词呈现给用户的语境）—恰当的术语（用户选择适合待处理文本的术语）—术语的语境（双语专科词典根据用户选择的术语呈现语境）"的模式，即检索策略从词汇—语境转变为：检索词—语境—词条—语境。这样的检索策略需要一个专门的语料库支持，其中术语所在的上下文均要进行分词并与其对应词、例句、术语进行超链接。

在此检索策略下，用户若遇到某些不确定的术语，则可以通过单个检索词或者多个检索词来检索，词典会为用户呈现含有检索词语块的术语语境，用户可以从中选择自己需要的语境，点击与检索词相关语块，最终获得准确、完整的术语词条及其对应词、例句、变体等相关信息。这种处理方法的理论依据是交际术语学关于术语变体的主张，该理论认为术语是由其出现的情境决定的。通过从语境到词条的检索模式可以帮助用户验证检索词是否准确，从术语使用的情境找出术语对应词、例句和变体。目前部分其他线上词典[1]存在这样的检索

---

[1] 例如：https://www.wordreference.com、https://cn.linguee.com、https://www.reverso.net.

模式，其中所有英文单词都进行了超链接，用户通过超链接可以直接获得相关词条信息。另外，这样的检索策略还充分考虑了汉语词素可以灵活组合的特点，例如，"硅酮结构胶"和"结构硅酮胶"是一对术语变体，指代同一事物。在此检索策略中，这样问题就不再是问题。

关于术语搭配，本书参考了 Sketch Engine 的解决方案，它为用户提供了搭配和使用的频率。当专业语料库信息充足时，用户有可能从相关在线专业词典中获得他们需要的词汇搭配信息。

关于用户的检索词与标准术语不匹配问题，本书建议提供图片或动画，并在所涉及的条目词的语义框架内呈现。一旦词典用户有了足量的知识信息，他们识别术语、使用术语的难题也就迎刃而解了。

8.1.4 小结

术语识别能力、用户需求和用户对专科词典的认可度形成了一个线性链条，彼此之间存在因果关系。术语识别能力差是词典用户的一个基本情况，用户需求来自于这个事实，而对词典的认可度是由用户需求未得到满足而引起的。

汉语与西方语言不同，存在语义边界模糊这一突出特点，从而导致词典检索策略需要优化，这也进一步验证了"洋理论"可以参考，但不可照搬照抄。专科词典在经历粗放型编纂发展之后，需要朝着更精细化方向发展，需要建立符合汉语特点和汉语用户特征的辞书理论和编纂实践，而非简单地照搬外来理论并且进行实践。

8.2　研究启示

本书是关于汉英双语专科词典的用户需求的尝试性研究，研究得出启示，具体见下文。

8.2.1　对汉英双语专科词典编纂的启示

几乎所有理论都在不断对外声明自己的优点，但没有任何理论是无瑕的，理论的合理与否在于其对实践是否有指导作用。在词典编纂问题上，尤其编纂汉外词典，需要参考适合汉语语言的理论。如果不考虑汉语语言特点直接照搬已有词典的编纂理论或实践不仅无益于词典用户，还会造成一些损失，毕竟词典编纂周期长，耗时、耗财。

西方辞书理论和编纂实践提供了理论新视野和可参考的辞书编纂实践，但是不能忽略汉语辞书研究与西方辞书研究涉及不同语言这一基础问题。虽然功能词典学派认为词典学并非应用语言学，而是一门独立学科，但由于词典与特定语言有关，语言的因素是不能够忽略的。在本书当中涉及的汉语言，不同于西方语言存在很多语法词，一定长度的词与词之间靠语法词连接，而汉字有其独有的词素灵活的特点，因此字与字、词与词、字与词组、词组与字之间都可以灵活组合成新词。正如第七章中我们所列举的"硅酮结构胶"和"结构硅酮胶"。汉语灵活的字词构词模式是西方语言所没有的，在这种灵活构词模式之下会产生词典用户独有的查词问题——词典用户对文内术语识别的准确识别程度并不高，由此也会存在其独有的用户需求问题——先对检索词进行正误确认和纠正。在进行汉语或汉外专科词典用户研究，以及编纂专科词典时，要特别注意用户因为特定语言而产生的独特需求。

　　词典编纂若能够充分考虑词典所涉及的语言特点，与词典使用的情境相结合进行用户研究，来发现用户在特定语言情境中查词的真正目的。基于某一语言的辞书研究和编纂实践值得参考，但不可轻易复制到不同语言当中。本书通过对汉外专科词典用户的研究发现词典用户在文内术语识别上存在术语识别不完整、术语遗漏和把非术语视为术语的问题，专科词典要解决用户需要"检索词修正"的帮助，即通过查词，先修正用户的检索词——给用户几个包含检索词的参考检索词，让用户得以通过正确的检索词获得正确对应词或信息。此外，用户在处理专门领域文本时也有非术语查询的需求。专门领域的术语词汇有其独有搭配，如何在词典中呈现这些搭配，也是今后汉外专科词典可以深入探究的问题。

8.2.2　对教学的启示

8.2.2.1　术语教育

　　双语转换中术语的翻译是一个重要内容。对于专科词典而言，术语是其收录的词条。本书认为当前的学生译者识别文内术语的能力并未随他们翻译水平的提高而有较大提升，其主要原因是目前翻译教学中缺少了术语教育。术语学应当纳入翻译教学甚至词典学研究当中。一方面，对翻译专业的学生开展术语教育有利于提高学生的术语意识，将术语学纳入词典学研究中可以扩大辞书学家的事业和对专科辞书的理解。另一方面，术语学和词典学进入教育课程，用户能够接受到与专科辞书相关知识,专科辞书与普通语文辞书不同,也就间接地明白什么是专科词典,以及了解专科词典可收录的内容以及可查的内容。

本书发现被试识别文内术语的能力不佳,用户对术语和普通词汇不能准确地区分,导致这一问题的原因在很大程度上可以归结为国内术语教育的缺失。术语是知识的载体,即使不是语言学或者词典学专业,让学生适当学习一部分术语学知识可以提升学生学术写作、技术写作、专业翻译水平以及技术传播能力。

实际上,在全球范围内,有不少大学已经把术语学课程纳入大学专业课程当中,比如,北美、欧洲大陆、俄罗斯等国家的一部分高校都已经开设了术语学课程,本书第五章第5.6节也谈到了这一情况。目前国内已经有了专门的术语学研究刊物,开设术语专业学博士的院校,也有部分学者如郑述谱(2009),梁爱林、郑愉联(2008),李健民(2010),黄忠廉(2010),苏向丽、张志毅(2010),冷冰冰等(2013)等提出将术语学纳入大学课程大纲当中,但截至目前,国内开设术语学课程的院校还凤毛麟角。

8.2.2.2 专科词典学教育

通过实证研究,本书发现汉外专科词典因其所提供的信息的权威性,用户在进行专门领域文本翻译或者技术写作时,经常都会使用汉外专科词典来查词;目前专科词典,特别是纸质词典,检索模式严格,要求检索词必须与词条匹配才能最大概率实现成功检索,而用户在进行翻译或技术写作时,常常无法提供完整而准确的术语,部分用户甚至对非术语词汇进行检索。专科词典有其独有的特点,不同于普通语文词典,有一定收词范围。词典用户不一定是专科词典学家，他们无法对专门领域和普通语言领域的语言进行准确的区分。因此，在使用词典问题上，他们会遵循之前使用普通语文词典的方法来使用汉外专科词典，即随心所查，但经常出现检索词与专科词典收词无关的情况。

提升词典用户能力水平或者优化词典是解决词典和用户矛盾的两个主要渠道（贝约，2010）。让用户了解专科词典可以被看作用户提升的一部分。本书主张将专科词典学部分纳入到专门领域专业教育和翻译教育的课程当中，让用户从学生时代就能够认识词典，学会区分不同的词典类型，正确使用专科词典。

8.2.3 汉外专科词典用户研究

汉外专科词典不同于普通汉外语文词典，普通汉外语文词典侧重语言文字，而汉外专科词典略偏重专门领域知识的语言表述；汉外专科词典词条以多字词为主，主要收录术语词汇，而普通汉外语文词典的微观结构则是词目词＋词条，以单个字为词目，下设与词目词搭配的词条；使用普通汉外语文词典查词，用户仅需输入单个词汇即可检索，而汉外专科词典的检索词须与词典收录词条相匹配。由于这些差异，普通语文词典与专科词典的用户需求也自然不同。用户查词需要哪些信息，应当要根据用户的查词情形对使用词典查词的目的进行实证研究来分析。在普通语文词典中，用户需要的内容与用户查找的信息相一致。但在汉英专科词典中，用户在潜意识中对自己所要查询的信息不太清楚，用户的检索词，特别是从文内获取的检索词常常不是词典收录的词条，或者说根本不是术语，即使查到相关信息，最终使用到文本中，只会影响文本的专业性和质量。本书认为，专科词典的用户研究在于发掘用户的需求，在于通过用户检索的内容这一表象，来探究他们实际上检索的目的，以此发掘用户真正的需求。

对词典用户的研究涉及很多因素，其中包括用户外语水平、用户语言转换能力、用户对专门领域知识的了解、对专科词典相关知识的了解、使用专科词典查词的情境等，目前实证研究是较为有效的方式。虽然实证研究与其他任何研究方法一样并不完美，但实证方法被证明是科学方法。像词典用户需求研究这样涉及多因素主题，应当注重实证研究，运用合理、科学的方法来对用户进行研究。

8.3 创新之处

在研究方法方面，本书将问卷调查、实证测试、访谈结合在一起。由问卷调查推导出关于用户需求的假设性结论，然后根据结论假设来设计实证测试，根据实证测试的结果，对数据进行统计分析，结合问卷调查的发现以及对专家组成员的访谈，以定量加定性的方式来验证之前的结论假设；在关于用户需求的结论假设得到证实以后，从汉外专科词典与普通语文词典的不同：偏重专门领域知识信息的呈现、汉语术语语义边界模糊以及用户以往使用普通语文词典对后来使用汉外专科词典的影响三个方面来分析；最终在以上结论假设—实证证实—理据分析的基础上提出了解决方案。研究的主体部分是四个相互关联的研究，研究内部相互参照，从结论假设—假设验证—原因分析—解决方案形成一个有机体。这一方法是在事先调研词典被试，通过访谈和测试初步设计出研究方案，然后经过课题小组的讨论和修改，以此进行预研，在预研基础上对研究方案以及研究过程中可能存在的问题进行修正，最终再进行正式研究。研究涉及了两个实证研究即问卷调查和文内术语识别测试。在无效测试卷的排除方面，本书也有一些创新之处，例如在文中预留明显的错别字，没有识别出错别字的被试卷则被视为无效卷等。

在对用户需求的研究方面，本书提出词典用户需求与用户使用汉外专科词典查词情境相关。例如，专门领域文本翻译情境之下，用户查词需要的是得到准确、完整、专业的对应词，但经过实证研究发现用户经常不能完整、准确地提供检索词，因此用户向专科词典查词所使用的检索词常常为非准确术语，而用户所查之词经常也不是用户需求，用户需求绝不是以错词检索换错误的信息。他们需要的不单是词典提供对应词，真正需要的是词典来告诉他们，他们的检索词是否正确，如果正确，对应词是什么；如果不正确，那正确的是什么。通过实证研究，本书发现用户的真正需要并非我们传统意义上的用户需求。

本书所提到的"用户需要"并非与传统上的"用户需求"完全背离，而是对"用户需求"的更深入研究，更多关注用户用词典查词的目的，而不单纯是查询的内容。徐庆凯（2011）也提出词典学家脑子里要装着用户。词典不仅要满足用户查词的需要，更重要的是要解决查词的真正需求，所查的词能否适用并且如何适用于用户使用词典的情景。本书立足功能词典学派的主张，在研究之初就提出了根据用户使用专科词典的情境对词典进行功能划分，确定词典的功能，并以此来发现词典用户查词的目的，对不能实现成功查词的情况进行分析并尝试性提供解决方案。

关于如何解决用户术语识别的文内术语与词典收录的专科词条差异问题，本书认为优化在线词典现有检索机制可以很好地解决这一问题。本书将搜索引擎与词典数据库结合到一起,同时结合通过语境来呈现专科词条的检索方式,主张词典为用户呈现语境,前提是语境经过分词、标注和超链接设置,用户可以通过超链接直接获取词条信息,也可以通过查找相近语境来选取文内术语词条,通过超链接获取词条信息,以此解决用户识别文内术语与词典收录术语差异问题。目前相关研究较少,本书填补了双语专科词典在词条检索研究上的空白,为今后相关研究提供了参考。

8.4 研究局限

在本书的被试方面,对被试分类不够细致。例如第四级的被试,虽然该级别的被试都是学生,但是他们的翻译实战经验从几个月到几年不等。即使研究确实对用户进行看似细致的分类:非专业用户和半专业用户,但学界对这两层次的用户并没有具体的定义和划分,因此,本书对被试的划分实际上并没有切实的依据。同时本书中的被试以学生译者为主,缺乏其他专业领域的词典用户,关于这一点,建议今后的研究可以采用更加切实、理据性更强的划分方法。该研究没有包括专家级别的被试,根据功能词典学派的主张,他们也是双语专科词典用户的一部分。

在实证研究涉及的文本方面,文本类型只包括非专业和半专业文本,因为研究的潜在用户应该是非专业人士和半专业人士。为了今后进行更全面的用户研究,本书建议用户和文本选取更广泛的范围。

在提供的解决方案方面，虽然本书提供了具体参考，但是没有提供具体的技术解决方案。笔者无法确定所提供的解决方案在技术上是否可兼容。

本书受到篇幅的限制，部分结论还只是假设性结论，例如，译者在翻译非专业文本时是会查询普通语文词典还是专科词典，他们想查术语词条还是别的内容？除了术语之外，用户在翻译或者专业写作活动还需要查哪些词？这些词是动词、形容词还是副词？或者说是短语？这些问题还有待研究的继续深入来进一步发现。

8.5 研究展望

本书进行了"事后多重比较"，但并没有对其中数据进行深入分析，原因是其他数据分析已经足以得出本书的结论。"事后多重比较"针对的是组内、组间用户更细致地对比，今后同主题的研究可以利用"事后多重比较"数据进行同级别的被试，对不同专业层次术语识别情况的比较，对用户需求进行更详细的挖掘。

本书立足用户所需，从专科词典词条检索优化的角度进行了实证研究，也为专科词典在其他方面的优化研究提供了参考，例如术语的搭配、变体的排列、插图或动画的配置等。

本书针对的是词典交际功能，因此选取的实验被试都是翻译专业的学生。今后的研究可以增加不同专业的被试类型，同时建立更科学、更细致的用户划分，发掘专科词典的其他功能：解释、操作和增加知识方面来发现词典用户需求，完善用户研究。

通过本书的研究发现，汉语语义边界模糊特点造成用户识别专科词汇的问题，这是其他语言中罕见的情况。对于专科辞书不论是编纂实践还是理论研究都不应过度依赖外来理论，要根据词典所涉及的语言和用户需求打造符合语言特点的词典理论，编纂满足用户需要的词典。

参考文献

一、中文参考文献

（一）专著类

[1] G. 隆多. 术语学概论 [M]. 刘钢，译. 北京：科学出版社，1985：10-19.

[2] 黄建华. 词典论（修订版）[M]. 上海：上海辞书出版社，2001.

[3] 黄忠廉，李亚舒. 科学翻译学 [M]. 北京：中国对外翻译出版公司，2004：362-364.

[4] 李宝安，李燕，孟庆昌. 中文信息处理技术：原理与应用 [M]. 北京：清华大学出版社，2015：5-6.

[5] 潘小松. 晚清民国双语词典文献录 [M]. 济南：山东画报出版社，2012.

[6] 孙迎春. 科学词典译编 [M]. 北京：中国对外翻译出版公司，2008：40-45.

[7] 王守仁. 高校大学外语教育发展报告（1978-2008）[M]. 上海：上海外语

教育出版社，2008：13.

[8] 魏向清，耿云冬，王东波. 中国外语类辞书编纂出版 30 年（1978-2008）回顾与反思 [M]. 上海：上海辞书出版社，2011.

[9] 吴丽坤. 俄罗斯术语学探究 [M]. 北京：商务印书馆，2009.

[10] 徐庆凯. 专科词典论 [M]. 上海：上海辞书出版社，2011.

[11] 杨祖希，徐庆凯. 专科辞典学 [M]. 成都：四川辞书出版社，1991.

[12] 雍和明，罗振跃，张相明. 中国辞典 3000 年：从公元前 1046 年到公元 1999 年 [M]. 上海：上海外语教育出版社，2010：219.

[13] 赵彦春. 认知词典学探索 [M]. 上海：上海外语教育出版社，2003.

[14] 郑述谱. 当代俄罗斯术语学 [M]. 北京：商务印书馆，2005：14.

[15] 朱永生，严世清. 系统功能语言学多维思考 [M]. 上海：上海外语教育出版社，2001：145.

（二）期刊、论文类

[1] 陈香美，岳峰. 国内近 35 年翻译标准研究综述（1979-2013）[J]. 语言与翻译，2015（1）：68.

[2] 陈玉珍. CALL 环境下词典查阅行为与词汇习得的相关性研究 [J]. 外语与外语教学，2013（5）：46-51.

[3] 程珊，叶兴国. 不同认知语境下词汇概念搭配建构的认知理据研究——基于商务英语和普通英语语料库的"PREJUDICE"个案研究 [J]. 中国外语，2015（4）：69-79.

[4] 段仙惠. 英汉词汇系统对照 [J]. 湖北第二师范学院学报，2008（6）：127.

[5] 方清明.基于语料库和软件技术的抽象名词搭配研究[J].汉语学习,2015（3）:69-77.

[6] 冯志伟.词组型术语结构的自动句法剖析[J].中国科技术语,2009（3）:10-16.

[7] 冯志伟.词组型术语结构的自动句法剖析[J].中国科技术语,2009（5）:7.

[8] 符延军,王启燕.所指的差异与可译性限度[J].东北师大学报（哲学社会科学版）,2005（6）:93-98.

[9] 韩江洪.国内翻译策略研究述评[J].外语与外语教学,2015（1）:14.

[10] 何绍义.单词术语与多词术语在文献标题翻译的概念信息传递中的比较与探讨[J].图书情报工作,1997（6）:2-4.

[11] 胡文飞,章宜华.基于用户视角的汉英词典意义表征能力调查[J].外语研究,2011（3）:78-84.

[12] 胡文飞.常态与拓展:汉英学习词典多维表征模式的构建[J].外国语（上海外国语大学学报）,2013（2）:51.

[13] 黄忠廉.术语教育的语言学基础[J].中国科技术语,2010（2）:23-26.

[14] 蓝荣钦,牟晓辉.测绘电子词典的研制[J].测绘学院学报,1999（4）:18.

[15] 冷冰冰,王华树,梁爱林.高校MTI术语课程构建[J].中国翻译,2013（1）:12.

[16] 李健民.面向翻译的术语教育[J].中国科技术语,2010（4）:24-31.

[17] 李宇明.努力发展我国的辞书事业——在汉语辞书研究中心揭牌仪式上

的讲话 [J]. 鲁东大学学报（哲学社会科学版），2008（2）：1-3.

[18] 梁爱林，邓愉联. 谈国外大学的术语学教学 [J]. 中国科技术语，2007（6）：5-10.

[19] 卢华国，李平，张雅. 中国气象词典编纂史述略 [J]. 辞书研究，2013（5）：68-75.

[20] 卢文林，潘淑春，常春.Web农业古汉语电子词典设计 [J]. 农业图书情报学刊，2005（12）：14-16.

[21] 罗思明，王军. 高级词典用户技能心理表征实验研究 [J]. 外语与外语教学，2003（5）：58-60.

[22] 马娟，李红樱. 国际疾病分类电子词典应用的探讨 [J]. 中华医院管理杂志，1998（4）：231-232.

[23] 秦平新. 基于语料库的建筑专业英语词语搭配研究 [J]. 山东外语教学，2011（1）：28-33.

[24] 秦晓晴. 外语教学研究中的定量数据分析 [J]. 华中科技大学出版社，2012：15.

[25] 苏向丽，张志毅. 术语教育的性质 [J]. 中国科技术语，2010（2）：31-35.

[26] 孙景岩. 地理电子词典的制作 [J]. 中学地理教学参考，2007（6）：45-46.

[27] 万志红，丁松林，王富强，等. 一种简便的医学英汉电子词典的设计 [J]. 现代临床医学生物工程学杂志，1995（1）：58-59.

[28] 王馥芳. 论我国英语类双语词典的发展 [J]. 辞书研究，1998（3）：28-29.

[29] 王虹光. 科技文摘的体裁特征及其英译原则 [J]. 华中农业大学学报（社会科学版），2007（6）：168.

[30] 王权岱，王蓝，张建锋. 植物学电子词典开发中数据库的设计与数据的录入 [J]. 陕西林业科技，2002（4）：65-68.

[31] 王毅成. 双语专科词典的收词立目和释义 [J]. 辞书研究，2002（3）：63-73.

[32] 卫乃兴. 基于语料库和语料库驱动的词语搭配研究 [J]. 当代语言学，2002（2）：101-114.

[33] 魏向清，耿云冬，王东波. 我国外语辞书出版30年回顾与思考 [J]. 辞书研究，2010（2）：1-13.

[34] 魏向清，耿云冬，王东波. 中国外语类辞书编纂与出版30年（1978~2008）发展概述 [J]. 中国出版，2010（9）：34-38.

[35] 文军. 双语专科词典：宏观、微观结构分析及改进构想 [J]. 重庆大学学报（社会科学版），1996（1）：60-66.

[36] 吴建平. 双语词典的性质、释义与例证——兼评《语言大典》[J]. 辞书研究，1994（4）：16-27.

[37] 吴维宁，卢卫平. 网络渔业词典的现状和开发对策 [J]. 现代图书情报技术，2002（S1）：102-104.

[38] 吴云芳，穗志方，邱利坤，等. 信息科学与技术领域术语部件描述 [J]. 语言文字应用，2003（4）：34-39.

[39] 夏立新，夏韵，李茜. 基于语料库的中国英语学习者动名搭配行为特征的研究——Ability的个案研究 [J]. 外语教学，2014（1）：18.

[40] 夏立新. 把语料库数据引入到内向型汉英词典的搭配信息中 [J]. 外国语文, 2012（3）: 47-50.

[41] 徐浩. 高校外语新教师专业发展现状的调查研究—参与教师的视角 [J]. 解放军外国语学院学报, 2014, 37（4）: 29-66.

[42] 杨祖希. 工具书的类型（上）[J]. 辞书研究, 1991（1）: 1-8.

[43] 杨祖希. 工具书的类型（下）[J]. 辞书研究, 1991（2）: 10-22.

[44] 叶其松. 俄国术语学研究综观 [J]. 中国科技术语, 2007（2）: 7-12.

[45] 于海阔, 李如龙. 从英汉词汇对比看对外汉语词汇教学 [J]. 山西大学学报（哲学社会科学版）, 2011（3）: 71.

[46] 于涛. 加快培育高层次翻译专业人才 推进国家翻译能力高质量发展 [J]. 中国翻译, 2022（6）: 5-9.

[47] 原传道. 英语"信息型文本"翻译策略 [J]. 中国科技翻译, 2005（3）: 51.

[48] 张海青, 宋永珍. 钻井液技术电子词典的编制 [J]. 钻井液与完井液, 2006（4）: 84.

[49] 张建锋, 王权贷, 崔红安, 等. 植物学电子词典的设计与实现 [J]. 西北农林科技大学学报（自然科学版）, 2003（S1）: 38-42.

[50] 张维友. 英汉语对比研究中的词素比较 [J]. 四川外国语学院学报, 2006（1）: 125.

[51] 赵连振, 耿云冬. 两次辞书规划以来我国汉语专科辞书发展态势述略 [J]. 辞书研究, 2015（2）: 6-13.

[52] 郑述谱. 对开展术语教育的几点思考 [J]. 中国科技术语, 2009（6）: 25-29.

[53] 郑述谱. 术语的定义 [J]. 术语标准化与信息技术, 2005（1）: 4-11.

[54] 郑述谱. 术语翻译及其对策 [J]. 外语学刊, 2012（5）: 102-105.

[55] 郑勇奇, 张川红, 郑洪涛, 等. 英、拉、汉树木名称电子词典 TreeName 的研制 [J]. 林业科学研究, 2004（2）: 231-236.

[56] 周辉, 张光红, 贺飞, 等. 中国内地学者在 Nature 和 Science 发表论文统计分析 [J]. 中国基础科学, 2004（2）: 33-38.

[57] 周上之. 对外汉语的词典与词法 [J]. 汉语学习, 2005（6）: 52-58.

[58] 朱洁华. 英译的三原则 [J]. 中国科技翻译, 2013（4）: 4.

[59] 祝清松, 冷伏海. 自动术语识别存在的问题及发展趋势综述 [J]. 图书情报工作, 2012（18）: 104-109.

[60] 庄恩平. 翻译中的语用和语义关系 [J]. 上海科技翻译, 1994（4）: 7.

[61] 周晋华. 质检专业电子词典的设计与研究 [D]. 南京: 南京理工大学, 2011.

（三）其他类

[1] 杨祖希. 辞书的类型和辞书学的结构体系 [M]// 上海辞书出版社辞书研究编辑部. 词典和词典编纂的学问. 上海: 上海辞书出版社, 1985.

[2] 福建省统计局. 2015 年福建省国民经济和社会发展统计公报 [EB/OL].（2016-02-25）[2023-07-19].http：//www.stats-fj.gov.cn/xxgk/tjgb/201602/t20160225_38524.htm.

[3] 国学网. 中国辞书学会 [EB/OL].（2005-04-29）[2023-07-19].http：//www.guoxue.com/yjjg/zgcsxh/zgcsxh.htm.

二、英文参考文献

（一）专著类

[1] AUSTIN J L, URMSON J O, SBISA M. *How to Do Things with Words* [M]. Oxford:Oxford University Press, 1976.

[2] BÉJOINT H. *The Lexicography of English* [M]. Oxford:Oxford University Press, 2010:224.

[3] CABRÉ CASTELLVÍ. *Terminology: Theory, Methods and Applications (Vol. 1)* [M]. Amsterdam/Philadelphia: John Benjamins Publishing,1999:48.

[4] GAUDIN F. *Pour une Socioterminologie: Des problèmes pratiques aux pratiques institutionnelles* [M]. Rouen: Publications de l'Université de Rouen, 1993.

[5] GAUDIN F. *Socioterminologie:Une Approche Sociolinguistique de la Terminologie* [M]. Bruxelles: Duculot, 2003.

[6] HACKEN T. *Terminology, Computing and Translation (Vol. 69)* [M]. Hubingen: Gunter Narr Verlag, 2006.

[7] HALLIDAY M A K. *Language as Social Semiotic: The Social Interpretation of Language and Meaning* [M]. London: Edward Arnold, 1978.

[8] HARTMANN R R K, JAMES G. *Dictionary of Lexicography* [M]. New York: Rutledge, 1998:109.

[9] KAGEURA K. *The Dynamics of Terminology: A Descriptive Theory of Term Formation and Terminological Growth (Vol. 5)*[M]. Amsterdam:John Benjamins Publishing Company, 2002:10-14.

[10] KASIMI A, ALI M. *Linguistics and Bilingual Dictionaries* [M]. Leiden: E. J. Brill, 1997:20.

[11] KENNETH K. *Professional Discourse* [M].Cambridge:Cambridge University Press, 2014.

[12] MARZÁ N E. *The Specialised Lexicographical Approach: A Step Further in Dictionary-Making (Vol. 102)*[M]. Bern/Berlin: Peter Lang, 2009:96.

[13] MEL'CUK I A, ELNITSKY L, LORDANSKAJA L, et al. *Dictionaire Explicatif et Combinatoire du Francais Contemporain: Recherches Lexico-Semantiques (I, II, III, IV)*[M].Canada: Les presses de l'Universite de Montreal,1984.

[14] NIELSEN S. *The Bilingual LSP Dictionaries: Principles and Practices for Legal Language* [M]. Tübingen: Gunter Narr Verlag Tübingen, 1994:35.

[15] PACKARD J L. *The Morphology of Chinese: A Linguistic and Cognitive Approach* [M]. Cambridge: Cambridge University Press, 2000(1):139-140.

[16] PAVEL S, DIANE N. *Handbook of Terminology* [M]. Ottawa: Public Works and Government Servies Canada, 2001: 19.

[17] PEARSON J. *Terms in Context (Vol. 1)*[M]. Amsterdam:John Benjamins Publishing, 1998:12.

[18] PICHT H, DRASKAU J. *Terminology: An Introduction* [M].Guildford: University of Surrey, 1985:20.

[19] SAGER J. *A Practical Course in Terminology Processing* [M].Amsterdam: John Benjamins Publishing,1990:58-59.

[20] SWALES J. *Writing Scientific English* [M]. London:Nelson,1971.

[21] TARP S. *Lexicography in the Borderland between Knowledge and Non-Knowledge: General Lexicographical Theory with Particular Focus on Learner's Lexicography (Vol. 134)*[M]. Berlin/Boston:Walter de Gruyter, 2008:134.

[22] TEMMERMAN R. *Towards New Ways of Terminology Description: The Sociocognitive Approach* [M]. Amsterdam/Philadelphia:John Benjamins, 2000:36.

[23] THUMB J. *Dictionary Look-Up Strategies and the Bilingualised Learner's Dictionary: A Think-Aloud Study (Vol. 117)* [M].Berlin/Boston:Walter de Gruyter, 2004.

[24] TONO Y. *Research on Dictionary Use in the Context of Foreign Language Learning:Focus on Reading Comprehension (Vol. 106)*[M]. Berlin/Boston:Walter de Gruyter, 2001.

[25] XING J Z. *Teaching and Learning Chinese as a Foreign Language: A Pedagogical Grammar (Vol. 1)*[M]. Hong Kong:Hong Kong University Press, 2006.

[26] YONG H, PENG J. *Bilingual Lexicography from a Communicative Perspective (Vol. 9)*[M]. Amsterdam: John Benjamins Publishing, 2007.

[27] ZGUSTA L. *Manual of Lexicography* [M]. The Hague/Paris: Mouton,1971.

（二）期刊、会议、论文类

[1] ABECASSIS M. Is Lexicography Making Progress? On Dictionary User and Language Learners' Needs[J]. *Lexikos*, 2011 (2): 248.

[2] AREN M, NICKY P. Nature Index 2015 China [J]. *Nature*, 2015, 528 (7582):165.

[3] ATKINS B T S, KRISTA V. Monitoring Dictionary Use[J]. *International Journal of Lexicography*, 1997(10): 1.

[4] BADINO L. Chinese Text Word-segmentation Considering Semantic Links among Sentences[C]. DBLP, 2004.

[5] BERENHOLTZ H, NIELSEN S. Subject-field Components as Integrated Parts of LSP Dictionaries[J]. *Terminology*, 2006(2): 281-303.

[6] BERGENHOLT Z H, RUFUS H G. What is Lexicography?[J]. *Lexikos*, 2012 (2):40.

[7] BESSÉ D B, NKWENTI-AZEH B, SAGER C J. Glossary of Terms Used in Terminology[J]. *Terminology*, 1997(1):117-156.

[8] BOTHMA T J D, BERGENHOLTZ H, BERGENHOLTZ H, et al. Needs-adapted Data Presentation in e-information Tools[J]. *Lexikos*, 2011(1):53-77.

[9] CABRÉ CASTELLVÍ, TERESA M. Theories of Terminology:Their Description, Prescription and Explanation[J]. *Terminology*, 2003(2):173.

[10] CASTELLVÍ C T M.Elements for a Theory of Terminology: Towards an Alternative Paradigm [J]. *Terminology*, 2000(1): 35-57.

[11] CAWS, MARY A. The Aéalisme Ouvert of Bachelard and Breton [J]. *The French Review*, 1964(3):302-311.

[12] CECCAGNO A, BASCIANO B. Compound Headedness in Chinese: An Analysis of Neologisms[J]. *Morphology*, 2008(2): 207-231.

[13] CÉCILE F, GÉRALDINE R, ANNIK L. Phraseological Approach to Automatic Terminology Extraction from a Bilingual Aligned Scientific Corpus[J]. *Conference Corpus Linguistics*, 2001:204.

[14] CHEN A, HE J, XU L, et al. Chinese Text Retrieval without Using a Dictionary[C]. ACM, 1997:42-49.

[15] CHEN Y Z. Dictionary Use and EFL Learning:a Contrastive Study of Pocket Electronic Dictionaries and Paper Dictionaries[J]. *International Journal of Lexicography*, 2010(3):275-306.

[16] CHEUNG Y B, THUMBOO J, GOH C, et al. The Equivalence and Difference between the English and Chinese Versions of Two Major, Cancer-specific, Health-related Quality of Life Questionnaires[J]. *Cancer*, 2004(12):2874-2880.

[17] CHON Y V. The Electronic Dictionary for Writing:A Solution or a Problem?[J]. *International Journal of Lexicography*, 2009(1):23-54.

[18] DIMA G. A Terminological Approach to Dictionary Entries. A Case Study[J]. *Procedia-Social and Behavioral Sciences*, 2012 (3):93-98.

[19] FABER P, MARTÍNEZ M S, PRIETO C R M, et al. Process-oriented Terminology Management in the Domain of Coastal Engineering[J]. *Terminology*, 2006(2):189-213.

[20] FABER P, PILAR L. Conceptual Dynamism in Terminological Knowledge Bases:The Case of Ecolexicon[J]. *Íkala*, 2010(2):75-100.

[21] FABER P. The Cognitive Shift in Terminology and Specialized Translation[J]. *Monografías de Traduccióne Interpretación*, 2009(1):107-134.

[22] FABER P.The Dynamics of Specialized Knowledge Representation: Simulational Reconstruction or the Perception–action Interface[J]. *Terminology*, 2011(1):9-29.

[23] FATHI B. Experts and Specialised Lexicography: Perspectives and Needs[J]. *Terminàlia*, 2014(9):12-21.

[24] FREXIA J. Causes of Denominative Variation in Terminology: A Typology Proposal [J]. *Terminology*, 2006(1): 51-77.

[25] FUERTES-OLIVERA P A, TARP S. Theory and Practice of Specialised Online Dictionaries:Lexicography versus Terminography[J]. *Walter de Gruyter GmbH & Co*, 2014:13-20.

[26] GOUWS R H, TARP S. Information Overload and Data Overload in Lexicography[J]. *International Journal of Lexicography*, 2016 (2).

[27] HANKS P.Lexical Analysis: Norms and Exploitations [C].Cambridge, Massachusetts/London, England:The MIT Press, 2013.

[28] HILARY N, RICHARD H. A Study of Dictionary Use by International Students at a British University [J]. *International Journal of Lexicography*, 2002(4): 277-305.

[29] HOFFMANN L. Toward a Theory of LSP [J]. *Fachsprache. Internazionale Zeitschrift für Fachsprachenforschung,-didaktik und Terminologie Wien*,1979 (1): 12-16.

[30] KUNDA M. The Politics of Imperfection: The Critical Legacy of Surrealist Anti-colonialism [J]. *Library Home*, 2010.

[31] LEW R. Electronic Dictionary Entries with Animated Pictures:Lookup Preferences and Word Retention[J]. *International Journal of Lexicography*, 2009 (3): 239-257.

[32] LEW R. Studies in Dictionary Use:Recent Developments[J]. *International Journal of Lexicography*, 2011(1):1-4.

[33] LEW R. Which Dictionary for Whom? Receptive Use of Bilingual, Monolingual and Semi-bilingual Dictionaries by Polish Learners of English[D]. Poland: Motivex,2004.

[34] L'HOMME M, HEID U,SAGER C J. Terminology during the Past Decade (1994–2004)[J]. *Terminology*, 2003 (2):151-161.

[35] LIU P D, MCBRIDE-CHANG C. What is Morphological Awareness? Tapping Lexical Compounding Awareness in Chinese Third Graders[J]. *Journal of Educational Psychology*, 2010(1):62.

[36] LOUIS G. La Circulation Terminologique et les Rapports entre Science, Technique et Production[J]. *Meta: Journal des Traducteurs*, 1995(2): 59-79.

[37] MALINOWSKI B. The Problem of Meaning in Primitive Languages[J]. *Meaning of Meaning Harcourt Brace & World*, 1923:205.

[38] NABABAN R.Equivalence in Translation: Some Problem-Solving Strategies [J]. *Translation Journal*, 2008(2).

[39] NAGY I K. English for Special Purposes:Specialized Languages and Problems of Terminology[J]. *Acta Universitatis Sapientiae Philologica*, 2015(2):262.

[40] NORD C. Manipulation and Loyalty in Functional Translation[C]. *Current*

Writing: Text and Reception in Southern Africa, 2002 (2):32-44.

[41] OESER E, BUDIN G. Controlled Conceptual Dynamics: From "Ordinary Language" to Scientific Terminologyand Back[J]. *Terminology Science and Research*, 1995(2):3-17.

[42] PAMELA F B, CARLOS M L, MIGUEL V E. Framing Terminology:a Process-Oriented Approach[J]. *Meta: Journal des Traducteurs*, 2005(4).

[43] PAMELA F, LEÓN P A, ANTONIO J V P, et al. Linking Images and Words: the Description of Specialized Concepts[J]. *International Journal of Lexicography*, 2007(1): 39-65.

[44] SAGER J. In Search of a Foundation: Towards a Theory of the Term [J]. *Terminology*, 1998(1): 41-57.

[45] SCHULZE R, RÖMER U. Patterns, Meaningful Units and Specialized Discourses(Vol. 22) [C]. Amsterdam/Boston: John Benjamins Publishing, 2010:1.

[46] SPROAT R, SHIH C, Gale W, et al. A Stocastic Finite-State Word-Segmentation Algorithm for Chinese[J]. *Computational Linguistics*, 1996 (3): 377-404.

[47] TARP S. Do We Need a (New) Theory of Lexicography? [J]. *Lexikos*, 2012 (2): 321-332.

[48] TARP S. Pedagogical Lexicography: Towards a New and Strict Typology Corresponding to the Present State-of-the-art[J]. *Lexikos*, 2011 (1):217-231.

[49] TARP S. Reflections on Lexicographical User Research[J]. *Lexikos*, 2009(1):292.

[50] TARP S. Reflections on the Role and Design of Online Dictionaries for

Specialised Translation[J]. *MonTI*, 2014(6):63-89.

[51] TARP S. The Third Leg of Two-legged Lexicography[J]. *Hermes, Journal of Language and Communication Studies*, 2017:117-131.

[52] TEAHAN W J, MCNAB R J, WEN Y, et al. A Compression-Based Algorithm for Chinese Word Segmentation [J]. *Computational Linguistics*, 2000(3): 375.

[53] TEMMERMAN R, KERREMANS K, VANDERVOORT V. La Termontographie en Contexte (s) [J]. *Actes des Septièmes Journées Scientifiques du Réseau Lexicologie, Terminologie, Traduction, Brussels, Belgium*, 2005.

[54] TEMMERMAN R. Questioning the univocity ideal. The Difference between Sociocognitive Terminology and Traditional Terminology [J]. *Hermes. Journal of Linguistics*, 1997(18):51-91.

[55] TONO Y. Application of Eye-tracking in EFL Learners' Dictionary Look-up Process Research[J]. *International Journal of Lexicography*, 2011(1): 124-153.

[56] WILKINSON A M.Jargon and the Passive Voice:Prescriptions and Proscriptions for Scientific Writing[J]. *Journal of Technical Writing and Communication*, 1992(3):319-325.

[57] XU Y, POLLATSEk A, POTTER M C. The Activation of Phonology during Silent Chinese Word Reading[J]. *Journal of Experimental Psychology: Learning, Memory, and Cognition*, 1999(4): 838-857.

[58] YANG J, WANG S, TONG X, et al. Semantic and Plausibility Effects on Preview Benefit during Eye Fixations in Chinese Reading[J]. *Reading and Writing*, 2012(5): 1034.

（三）其他类

[1] BERGENHOLTZ H, TARP S. LSP Lexicography or Terminography? The Lexicographer's Point of View [M]//Fuertes-Olivera, PEDRO A. (Ed.). Specialised Dictionaries for Learners. Berlin/Boston: Walter de Gruyter, 2010.

[2] DOLEZAL F T, MCCREARY D R. Pedagogical Lexicography Today:a Critical Bibliography on Learners' Dictionaries with Special Emphasis on Language Learners and Dictionary Users[M]//GRUYTER D. Lexicographica Series(Maior 96) Tübingen: Niemeyer,1999.

[3] FABER P, CLARA I L R. Terminology and Specialized Language[M]//FABER F. A Cognitive Linguistics View of Terminology and Specialized language. Berlin/Boston: De Gruyte, 2012:12.

[4] GODMAN A, PAYNE E M F. A Taxonomic Approach to the Lexis of Science [M]//SELINKER L E. English for Academic and Technical Purposes: Studies in Honor of Louis Trimble. Rowley: Newbury House Publishers, 1981: 24.

[5] GOUWS H. The Monolingual Specialised Dictionary for Learners[M]//Fuertes-Olivera, PEDRO A. Specialised Dictionaries for Learners.Berlin:De Gruyter, 2010:55-68.

[6] HULSTIJN J H, ATKINS B T S. Empirical Research on Dictionary Use in Foreign-Language Learning: Survey and Discussion[M]//ATKINS B.Using Dictionaries. Studies of Dictionary Use by Language Learners and Translators （Lexicographica Series Maior 88）. Tübingen: Niemeyer, 1998:7-19.

[7] LAURÉN C, PICHT H. Approaches to Terminological Theories [M]//PICHT H. Modern Approaches to Terminological Theories and Applications.Bern:Peter Lang, 2006:165-168.

[8] L'HOMME M. Using Explanatory and Combinatorial Lexicology to Describe Terms[M]//WANNER L. Selected Leixcal and Grammatical Issues in the Meaning-Text Theory: In Honour of Igor Mel'cuk. Amsterdam/Philadelphia:John Benjamins Publishing Company, 2007:167-202.

[9] MEYER I, ECK K, SKUCE D. Systematic Concept Analysis within a Knowledge-based Approach to Terminology[M]//WRIGHT S E, ELLEN S,GERHARD B(ed.). Handbook of Terminology Management. Amsterdam:John Benjamins, 1997:98.

[10] NIELSEN S. Specialized Translation Dictionaries for Learners[M]//FUERTES-OLIVERA, PEDRO A. Speicalised Dictionaries for Learners. Berlin/Boston:Walter de Gruyter, 2010:82.

[11] SAGER J. Section 1.2 Concept Representation[M]// WRIGHT S E, BUDIN G(ed.). Handbook of Terminology Management: Basic Aspects of Terminology Management. Amsterdam: John Benjamin Publishing, 1997:25.

[12] TARP S. Functions of Specialized Learners' Dictionaries [M]//Fuertes-Olivera, PEDRO A. Specialised Dictionaries for Learners(Vol. 136). Berlin/Boston:Walter de Gruyter, 2010.

[13] TERCEDOR M, RODRIGUEZ C L, LINARES C, et al. Metaphor and Metonymy in Specialized Language [M]// FABER P, TERCEDOR M, MONTERO S,

et al. A Cognitive Linguistics View of Terminology and Specialized Language. Berlin/Boston: Walter de Gruyter GmbH & Co., KG, 2012:33-37.

[14] TOMASZCZYK J. L1–L2 Technical Translation and Dictionaries[M]// GUY A J T. HORNBY M S , POHL E . Translation and Lexicography: Papers Read at the EURALEX Colloquium Held at Innsbruck 2-5 July 1987. Amsterdam: John Benjamins Publishing Company, 1989: 177-186.

[15] WU J. Equivalence of Interlinguistic Symbols and Speech Translation: Differences and Requirements[M]//SIN-WAI C. Translation and Bilingual Dictionaries(Vol. 119). Berlin/Boston: Walter de Gruyter, 2004:152.

[16] CHEN K, MA W. Unknown Word Extraction for Chinese Documents[C]// Association for Computational Linguistics. In Proceedings of the 19th international conference on Computational linguistics-Volume 1. 2002: 1-7.

[17] KALLIOKUUSI V, KRISTA V. from General Dictionaries to Terminological Glossaries [C]//FONTENELLE T. User Expectations vs Editorial Aims.1998: 601-610.

[18] LEW R, GALAS K. Can Dictionary Skills be Taught?: The Effectiveness of Lexicographic Training for Primary-school-level Polish Learners of English[C]// DECESARIS J A , BERNAL E. In Proceedings of the XIII EURALEX International Congress (Barcelona, 15-19 July 2008), 2008: 1273-1285.

[19] MALKIEL. A. Typical Classifications of Dictionaries on the Basis of Distinctive Features [C]// HOUSEHOLDER F W, SAPORTA S. Problems in Lexicography. Bloomington: Indiana University, 1975: 3-24.

[20] WU D. A Position Statement on Chinese Segmentation[C]//Presented at the

Chinese Language Processing Workshop. PA: University of Pennsylvania, 1998.

[21] ZHANG Y, GUO Q. An Ideal Specialised Lexicography for Learners in China Based on English-Chinese Specialised Dictionaries[C]//Supplementary Volumes to the International Annual for Lexicography SupplØments à la Revue Internationale de Lexicographie Supplementbände zum Internationalen Jahrbuch für Lexikographie, 2010: 171.

[22] PIHKALA T. Socioterminology [D]//Paper presented at the NordTerm Conference. Tuusula, Finland: Finish Terminology Center, 2001.

[23] MEL'CUK I A, ZHOLKOVSKY A. Explanatory Combinatorial Dictionary of Modern Russian [Z]. Vienna: Wiener Slawistischer Almanch, 1984.

附录 1　问卷测试题

请结合自身实际情况在相应选项上打"√"。

1. 什么时候需要查询专科词汇？可多选

A. 翻译；B. 阅读；C. 专业写作；D. 了解某些专业知识或信息

2. 从何人、何处获得帮助？

A. 辞书；B. 网络；C. 教科书；D. 其他

3. 您有汉英专科词典吗？

A. 电子版汉英专科词典；B. 纸质版汉英双语专科词典；C. 没有

4. 目前专科词典的形式有哪些？

A. 字对字词汇表；B. 对应词+例证；C. 其他

5. 您在使用双语专科词典时的查词成功率是多少呢？

A. 总是；B. 经常；C. 有时候；D. 基本不会；E. 从来不

6. 您在使用专门辞书查找信息或者词语时会顺带查阅与该词或信息无关的内容吗？

A. 总是；B. 经常；C. 有时候；D. 基本不会；E. 从来不

7. 您在使用双语专科词典查词的失败频率是多少呢？

A. 总是；B. 经常；C. 有时候；D. 基本不会；E. 从来不

8. 当您遇到纸质词典中查不到的陌生词汇的时候，您会通过哪些渠道查词？

A. 网络；B. 专业书籍；C. 不翻译；D. 专业人士；E. 其他

9. 双语专科词典只要收录完整的术语词条及对应词就足够了吗？

A. 是；B. 否

10. 您在需要阅读、翻译或写作专门领域文献时会遇到哪些文字上的困难？请结合自身实际具体说明。

您的专业和年级：翻译专业大三；翻译专业大四；翻译硕士一年级；翻译硕士二年级

您的性别是：男 女

您的外语水平：专业四级；专业八级；专业八级并通过翻译专业一年学习；CATTI Ⅱ

是否接受过土建类翻译训练以及翻译经验：是；否

附录2　词典用户的文内术语识别能力测试

请用下划线划出以下15题内你所认为的术语。如果遇到错别字，请圈出来。若在不同句子中遇到相同术语，亦请用下划线划出来。

1. 在小孔内壁上上几颗牙。

2. 挑梁上侧受拉，下侧受压，其箍筋开口应朝下。

3. 混凝土施工之前应当按照设计图纸的相关要求，进行钢筋制作绑扎以及模板摆放和固定。

4. 预应力一般是在埋置钢筋的混凝土完全硬化之前，通过张拉钢筋来施加的。

5. 扭剪型高强度螺栓的拧紧操作应分为初拧、终拧两个步骤。

6. 对于大型节点的拧紧操作，应分为初拧、复拧、终拧三个步骤，且复拧扭拧应等于初拧扭矩值。

7. 经过初拧或复拧之后的高强度螺栓应用颜色在螺母上涂上标记，然后用专用扳手进行终拧，直至完全拧掉螺栓尾部梅花头。

8. 对于个别不能用专用扳手进行终拧的扭剪型高强度螺栓，未在终拧中拧掉梅花头的螺栓数不得大于该节点螺栓数的 5%，对所有梅花头未拧掉的扭剪型高强度螺栓连接煮应采用扭矩法或转角法进行终拧操作并作标记。

9. 屋面瓦片施工应边铺设边清理，保证瓦面清洁，铺设好的瓦面禁止踩踏，无关人员禁止上屋面，铺设完成应检查是否有瓦片损坏，发现应立即调换，屋面不应留有残余瓦片，垄沟内不应留有砂浆。

10. 施工单位应在施工现场入口处、施工起重机械、临时用电设施、脚手架、出入通道口、电梯口、电梯井口设明显的安全警示标志。

11. 建设工程发生质量事故，有关单位应该在 24 小时内向当地建设行政主管部门和其他有关部门报告。

12. 建设单位应自建设工程竣工验收合格之日起 15 日内，将建设竣工验收报告和规划、公安消防、环保等部门出具的认可文件或者准许使用文件报建设行政主管部门或其他有关部门备案。

13. 在外加剂使用中，缓凝剂主要用于高温季节混凝土、大体积混凝土、泵送与滑模方法施工和远距离运输的商品混凝土等，不宜用于日最低气温 5 摄氏度以下施工的混凝土，也不宜用于有早强要求的混凝土和蒸汽养护的混凝土。

14. 砂浆由胶凝材料、细集料、掺和料和谁配制而成，在建筑工程中起粘结、衬垫和传递应力作用，主要用于砌筑、抹面、修补和装饰工程。

15. 混凝土砌块吸水率小（一般为 5%~8%），吸水速度慢，砌筑前不得浇水，以免发生"走浆"，影响砂浆饱满度和抗剪强度。

附录 3 事后多重比较数据

成对比较							
匹配度	文本类型	（I）组别	（J）比较组	平均差（I-J）	标准差	P值	差值95%的置信区间 a	
							下限	上限
F-术语遗漏	非专业文本	一级	二级	-0.229*	0.033	0	-0.294	-0.164
			三级	-0.106*	0.033	0.001	-0.171	-0.041
			四级	-0.035	0.033	0.289	-0.1	0.03
		二级	一级	0.229*	0.033	0	0.164	0.294
			三级	0.122*	0.033	0	0.057	0.187
			四级	0.194*	0.033	0	0.129	0.259
		三级	一级	0.106*	0.033	0.001	0.041	0.171
			二级	-0.122*	0.033	0	-0.187	-0.057
			四级	0.071*	0.033	0.031	0.006	0.136
		四级	一级	0.035	0.033	0.289	-0.03	0.1
			二级	-0.194*	0.033	0	-0.259	-0.129
			三级	-0.071*	0.033	0.031	-0.136	-0.006

续表

匹配度	文本类型	（I）组别	（J）比较组	平均差（I-J）	标准差	P值	差值95%的置信区间a 下限	差值95%的置信区间a 上限
F-术语遗漏	半专业文本	一级	二级	-0.018	0.033	0.585	-0.083	0.047
		一级	三级	-0.078*	0.033	0.018	-0.143	-0.013
		一级	四级	0.008	0.033	0.801	-0.057	0.073
		二级	一级	0.018	0.033	0.585	-0.047	0.083
		二级	三级	-0.06	0.033	0.068	-0.125	0.005
		二级	四级	0.026	0.033	0.425	-0.039	0.091
		三级	一级	0.078*	0.033	0.018	0.013	0.143
		三级	二级	0.06	0.033	0.068	-0.005	0.125
		三级	四级	0.087*	0.033	0.009	0.022	0.152
		四级	一级	-0.008	0.033	0.801	-0.073	0.057
		四级	二级	-0.026	0.033	0.425	-0.091	0.039
		四级	三级	-0.087*	0.033	0.009	-0.152	-0.022
N-非术语	非专业文本	一级	二级	-0.003	0.015	0.858	-0.032	0.027
		一级	三级	0.035*	0.015	0.018	0.006	0.065
		一级	四级	0.038*	0.015	0.01	0.009	0.068
		二级	一级	0.003	0.015	0.858	-0.027	0.032
		二级	三级	0.038*	0.015	0.011	0.009	0.067
		二级	四级	0.041*	0.015	0.006	0.012	0.07
		三级	一级	-0.035*	0.015	0.018	-0.065	-0.006
		三级	二级	-0.038*	0.015	0.011	-0.067	-0.009

续表

匹配度	文本类型	（I）组别	（J）比较组	平均差（I-J）	标准差	P值	差值95%的置信区间a 下限	上限
N-非术语	非专业文本	三级	四级	0.003	0.015	0.84	-0.026	0.032
		四级	一级	-0.038*	0.015	0.01	-0.068	-0.009
			二级	-0.041*	0.015	0.006	-0.07	-0.012
			三级	-0.003	0.015	0.84	-0.032	0.026
	半专业文本	一级	二级	0.012	0.015	0.407	-0.017	0.042
			三级	0.060*	0.015	0	0.031	0.09
			四级	0.044*	0.015	0.004	0.014	0.073
		二级	一级	-0.012	0.015	0.407	-0.042	0.017
			三级	0.048*	0.015	0.001	0.019	0.077
			四级	0.031*	0.015	0.036	0.002	0.061
		三级	一级	-0.060*	0.015	0	-0.09	-0.031
			二级	-0.048*	0.015	0.001	-0.077	-0.019
			四级	-0.017	0.015	0.263	-0.046	0.013
		四级	一级	-0.044*	0.015	0.004	-0.073	-0.014
			二级	-0.031*	0.015	0.036	-0.061	-0.002
			三级	0.017	0.015	0.263	-0.013	0.046
P-部分匹配	非专业文本	一级	二级	-0.071*	0.024	0.003	-0.119	-0.024
			三级	-0.021	0.024	0.381	-0.068	0.026
			四级	-0.033	0.024	0.174	-0.08	0.015
		二级	一级	0.071*	0.024	0.003	0.024	0.119

续表

匹配度	文本类型	（I）组别	（J）比较组	平均差（I-J）	标准差	P值	差值95%的置信区间 a 下限	上限
P-部分匹配	非专业文本	二级	三级	0.050*	0.024	0.037	0.003	0.098
			四级	0.039	0.024	0.108	-0.009	0.086
		三级	一级	0.021	0.024	0.381	-0.026	0.068
			二级	-0.050*	0.024	0.037	-0.098	-0.003
			四级	-0.012	0.024	0.627	-0.059	0.036
		四级	一级	0.033	0.024	0.174	-0.015	0.08
			二级	-0.039	0.024	0.108	-0.086	0.009
			三级	0.012	0.024	0.627	-0.036	0.059
	半专业文本	一级	二级	0.023	0.024	0.345	-0.025	0.07
			三级	0.043	0.024	0.074	-0.004	0.09
			四级	-0.04	0.024	0.099	-0.087	0.008
		二级	一级	-0.023	0.024	0.345	-0.07	0.025
			三级	0.02	0.024	0.397	-0.027	0.068
			四级	-0.062*	0.024	0.01	-0.11	-0.015
		三级	一级	-0.043	0.024	0.074	-0.09	0.004
			二级	-0.02	0.024	0.397	-0.068	0.027
			四级	-0.083*	0.024	0.001	-0.13	-0.035
		四级	一级	0.04	0.024	0.099	-0.008	0.087
			二级	0.062*	0.024	0.01	0.015	0.11
			三级	0.083*	0.024	0.001	0.035	0.13

续表

匹配度	文本类型	（I）组别	（J）比较组	平均差（I-J）	标准差	P值	差值95%的置信区间 a 下限	差值95%的置信区间 a 上限
T-完全匹配	非专业文本	一级	二级	-0.165*	0.027	0	-0.218	-0.113
		一级	三级	0.114*	0.027	0	0.061	0.167
		一级	四级	0.039	0.027	0.149	-0.014	0.091
		二级	一级	0.165*	0.027	0	0.113	0.218
		二级	三级	0.279*	0.027	0	0.227	0.332
		二级	四级	0.204*	0.027	0	0.151	0.257
		三级	一级	-0.114*	0.027	0	-0.167	-0.061
		三级	二级	-0.279*	0.027	0	-0.332	-0.227
		三级	四级	-0.075*	0.027	0.005	-0.128	-0.023
		四级	一级	-0.039	0.027	0.149	-0.091	0.014
		四级	二级	-0.204*	0.027	0	-0.257	-0.151
		四级	三级	0.075*	0.027	0.005	0.023	0.128
	半专业文本	一级	二级	0.022	0.027	0.411	-0.031	0.075
		一级	三级	0.048	0.027	0.074	-0.005	0.101
		一级	四级	0.01	0.027	0.699	-0.042	0.063
		二级	一级	-0.022	0.027	0.411	-0.075	0.031
		二级	三级	0.026	0.027	0.331	-0.027	0.079
		二级	四级	-0.012	0.027	0.663	-0.064	0.041
		三级	一级	-0.048	0.027	0.074	-0.101	0.005
		三级	二级	-0.026	0.027	0.331	-0.079	0.027

续表

匹配度	文本类型	（I）组别	（J）比较组	平均差（I-J）	标准差	P值	差值95%的置信区间 a 下限	差值95%的置信区间 a 上限
T-完全匹配	半专业文本	三级	四级	-0.038	0.027	0.16	-0.09	0.015
		四级	一级	-0.01	0.027	0.699	-0.063	0.042
			二级	0.012	0.027	0.663	-0.041	0.064
			三级	0.038	0.027	0.16	-0.015	0.09

根据估计的边际平均值

*. 均值差异在 0.05 水平上显著。

a. 多重比较调整：最小显著差异（相当于无调整）。